그리스도인의 삶의 비결

THE SECRET TO THE CHRISTIAN LIFE

THE SECRET TO THE CHRISTIAN LIFE

by Gene Edwards

Copyrighted ⓒ by Gene Edwards

Published by The SeedSowers
P.O. Box 3317 Jarksonville, FL 32206

Korean Translation Copyright ⓒ 2004 by PureNard
2F 774-31, Yeoksam 2dong, Gangnam-gu, Seoul, Korea
The Korean edition is published by Arrangement with The SeedSowers All rights reserved.

본 제작물의 한국어판 저작권은 The SeedSowers와의 독점 계약으로 한국어 판권은 '순전한 나드'가 소유합니다.
저작권자의 허락 없이 이 책의 일부 또는 전체를 무단 복제, 전재, 발췌하면 저작권법에 의해 처벌을 받습니다.

THE SECRET TO THE CHRISTIAN LIFE

그리스도인의 삶의 비결

진 에드워드 지음 | 주지현 옮김

그리스도인의 삶의 비결

초판발행 | 2006년 8월 12일
개정1쇄 | 2012년 8월 30일

지은이 | 진 에드워드
옮긴이 | 주지현

펴낸이 | 허철
편집 | 김나연
디자인 | 이보다나
인쇄소 | 예원프린팅

펴낸곳 | 도서출판 순전한 나드
등록번호 | 제2010-000128
주소 | 서울 강남구 역삼2동 774-31 2층
도서문의 | 02) 574-6702 / 010-6214-9129
편집실 | 02) 574-9702
팩스 | 02) 574-9704
홈페이지 | www.purenard.co.kr

Printed in Korea

ISBN 978-89-6237-124-6   03230

존 앨런 무어 교수님과
폴린 무어 사모님을 기리며

나는 신학교 재학 시절에 스위스 뤼실리콘(Ruschli-kon)의 침례 신학교에서 교회사 교수님 한 분을 만났다. 그분은 수년 동안 유고슬라비아에서 선교사로 헌신하신 분으로서, 내가 교회 역사에 대한 애착을 갖도록 기반을 닦아 주셨다. 그리고 사모님은 신학교 학생들 모두에게 좋은 친구이자 상담자 역할을 해주셨다. 나는 사모님께 평생 잊지 못할, 힘이 되는 많은 격려를 받았다. 따라서 하나님의 신실한 종이자 나의 평생의 좋은 친구이셨던 두 분께 이 책을 바치고자 한다.

목차

08_ 감사의 글
09_ 서문
11_ 시작하는 글

제1부 : 그리스도인의 삶의 목적 찾기

chapter 1	지금까지 그리스도인이 간과한 것은 무엇인가	17
chapter 2	진정한 그리스도인은 누구인가	27
chapter 3	예수 그리스도는 그리스도인의 삶을 어떻게 사셨는가	30
chapter 4	유일하게 완전한 그리스도인의 모습	43
chapter 5	영원 이전의 그리스도인의 삶	48
chapter 6	하나님 안에 있는 '그리스도인의 삶'	61
chapter 7	그리스도인의 삶은 변질되었는가	73
chapter 8	예수 그리스도의 궁극적인 삶의 비결	84
chapter 9	구도자들이 찾는 내적 동행	91
chapter 10	그리스도인의 삶을 재발산하다	98
chapter 11	삼위일체의 친교를 찾아서	108
chapter 12	이방인의 비결	121
chapter 13	요한의 제안	143
chapter 14	그리스도인의 삶의 비결을 놓치다	151
chapter 15	교회를 위한 강력한 권고	162

제2부 : 삶을 변혁시키는 네 단계 실천하기

- chapter 16　시간의 여유가 필요하다 ······ 175
- chapter 17　영원의 요소 ······ 179
- chapter 18　실천을 위한 첫 번째 과제 ······ 183
  : 말씀을 기도로 바꾸기
- chapter 19　실천을 위한 두 번째 과제 ······ 191
  : 아버지와 아들의 친교를 목도하며, 영으로 대화하기
- chapter 20　실천을 위한 세 번째, 네 번째 과제 ······ 197
  : '풍성함' 자체인 삼위 하나님의 친교 안에 거하기

부록 : 관찰과 경고

- chapter 1　중심 되신 예수 그리스도 ······ 205
- chapter 2　주를 아는 일의 위험성 ······ 215
- chapter 3　글을 아는 사람들만 그리스도인의 삶을 ······ 230
  누릴 수 있는가

감사의 글

지난 겨울 몇 달 동안이나 아름다운 별장을 사용하도록 허락해 주신 래리와 그레첸 하르트조크 부부에게 감사드린다. 아름다운 그곳에 머물며 홀로 조용한 시간을 가지면서 이 책을 집필할 수 있었다.

빠른 편집을 통해 내가 여러 권의 책을 쓰는 데 도움을 주었던 조우 펀잴런에게 감사의 마음을 전한다. 또한 원고를 여러 번이나 꼼꼼히 살펴봐 준 데니스 시로이스와 캐시 풀러에게 고마운 마음을 전하고 싶다.

서문

내 서재의 연구서 정리함 한쪽에는 죽기 전까지 쓰고 싶은 책의 목록이 정리되어 있다. 최근 그 목록을 세어 보니 그 수가 무려 34개나 되었다! 그중에서 가장 중요한 것이 다섯 개 목록인데, 이 책이 바로 그 가운데 하나임을 밝힌다.

독자들이여, 이 책이 그리스도인의 삶을 살아가는 방법에 대해 밝히되, 이제까지의 개념을 벗어난 새로운 내용을 가득 담고 있음을 알고 마음의 준비를 하길 바란다. 나는 독자들이 내가 말하고자 하는 그리스도인의 삶의 방식에 대한 관점에 대해서 잘 이해할 수 있기를 바란다. 나는 이렇게 특별한 관점에서 저술된 책을 지금까지 본 적이 없다.*

주의해야 할 점이 하나 더 있다. 그것은 이 책이 아주 개인적인 내용을 담고 있다는 것이다. 따라서 이 책에는 '나'라는 말이 아주 빈번하게 사용되고 있다. 이것은 독자들이 책을 읽을 때, 내용을 쉽게 이해할 수 있도록 도와줄 것이다. 이는 작가인 내가 간절히 바라는 바이다.

당신이 이 책을 읽는 동안 축복이 임하길 바라며, 하나님이 이 책을 통해 당신을 주님께로 더 가까이 이끌어 주시기를 기도한다.

---

* 독자들도 이러한 관점으로 그리스도인의 삶을 한두 구절 언급한 책을 보았을지 몰라도, 전체가 그런 내용인 책을 본 적은 없을 것이다. 만약 장 전체 또는 책 전체가 그리스도인의 삶에 대해 언급한 책이 있다면 다음에 이 책이 재판되어 나올 때 그 책들을 소개하고 싶다.

시작하는 글

나는 지난 25년 동안에 각 가정에서 모임을 갖는 그리스도인들에게 강의하는 일로 대부분의 시간을 보냈다. 즉, 거실 가득 모인 성도들의 모임을 교회로 아는 사람들에게 말이다. 또한 강연장에서 '성숙한 그리스도인의 삶'에 관한 강의를 하는 데에도 많은 시간을 보냈다. 이 두 가지 사역을 하다 보니, 곳곳에서 최고의 그리스도인들을 만나는 특권을 누리기도 했다. 여기에서 '최고의 그리스도인들'이란, 주님을 더 알고 싶어서 불타는 마음을 가진 사람들과 주님과 동행하지 못하는 자신의 영적 무능함을 인정하는 사람들을 의미한다.

강의를 들으러 온 사람들은 평신도, 목회자, 은퇴 목회자, 복음 전도자, 선교사 등 다양한 분야의 그리스도인들과 퇴직한 사역자들이었다. 이들의 공통점은 영적 갈증을 느끼고 있다는 점이었고, '좋은 그리스도인이 되는 방법'에 대해서는 이미 능통한 사람들이었다. 그들 대다수가 잘 알려진 초교파 운동과 기독교 연합 운동을 지휘하는 지도자들과 사역자들이었다. 그중에는 참으로 놀랍게 부흥하는 사역에 가담한 사람들도 있었고, 가장 실패한 사역에 참여한 이들도 있었다. 떠올릴 수 있는 교파란 교파는 모두 다 모였고, 미국에서 잘 알려진 보수적인 신학교 출신의 사람들도 있었다.

하지만 그들 모두에게 한 가지 공통점이 있었다. 다들 '그리스도인의 삶의 비결' 같은 것을 배운 적이 있다는 점이었다. 그러나 자신이 배운 '비결'이 무엇이든 자신의 삶의 현장에서 적용하지는 못하고 있었다. 물론 그렇게 사는 사람도 있을 것이다! 하지만 강연장에 모인 사람들은 그렇게 살고 있지 못했다.

내가 말하고자 하는 초점은 다음과 같다. 당신이 그리스도인다운 생활을 할 수 있고, 배웠던 '비결'을 실제로 삶에 적용할 수 있다면, 더 이상 이 책이 필요하지 않을 것이다. 혹시 그런 삶을 영위해 왔던 사람이 있다면 무릎을 꿇고 하나님께 감사의 기도를 드리고 싶다. 그런 사람은 성공적인 그리스도인의 삶을 살았던 선진들의 대열에 합류하였기 때문이다. 계속 그러한 생활을 영위해 가라. 하지만 성공적인 그리스도인의 삶의 온갖 '비결'을 다 시도해 보아도 뾰족한 수가 없었던 사람이라면, 본서를 읽으라. 이 책이 신앙생활의 터닝 포인트를 제공해 줄 수 있을 것이다.

그리스도를 향한 우리의 사랑은 그분께 구하는 기도와 은사에 따라 시험을 받는다.

제1부

그리스도의 삶의 목적 찾기

"그러므로 예수께서 그들에게 이르시되 내가 진실로 진실로 너희에게 이르노니 아들이 아버지께서 하시는 일을 보지 않고는 아무것도 스스로 할 수 없나니 아버지께서 행하시는 그것을 아들도 그와 같이 행하느니라"(요 5:19).

The Secret to the Christian Life
chapter 1

지금까지 그리스도인이 간과한 것은 무엇인가

당신은 지금까지 어떻게 사는 것이 '그리스도인의 삶'을 사는 것이라고 배웠는가? 나는 여러 나라의 전 지역을 다니면서 수많은 그리스도인들에게 다음과 같은 질문을 던졌다. 전통 교회든, 가정 교회든, 큰 회의장에서든 말이다. "좋은 그리스도인이 되기 위해서 어떤 일을 해야 한다는 말을 들었습니까? 그리스도인의 삶을 사는 비결에 대해 어떠한 가르침을 받았습니까?"

사람들의 대답이 무엇이었으리라고 생각하는가? 그 대답은 보통 새 신자들에게 규범적인 행동으로 제시

된다. 하지만 사실상 모든 그리스도인들에게 주어진 규범 사항이기도 하다. 그 내용 몇 가지를 살펴보면 다음과 같다.

- 기도하고 성경 읽기
- 교회 다니기
- 복음 전하기
- 십일조 하기

익숙한 내용인가? 이것은 가장 흔히 들을 수 있는 내용일 것이다. 하지만 이것이 전부가 아니다!

- 주님 섬기기
- 주일 성수하기
- 그리스도인의 영적 위치 배우기
- 그리스도인의 변화된 삶에 대해 배우기
- 기독교 계열의 대학에 가기
- 성경 공부 모임에 참석하기
- 신학교에 가기
- 믿음으로 생활하는 법 배우기
- 믿음으로 쉼을 누리는 법 배우기

이뿐만이 아니다. '영적 전쟁, 권위와 순종, 기적, 능력, 예언에 순종하기, 은사 회복, 종교적인 복장, 단정한 머리 모양, 엄격한 도덕률' 등도 포함된다. 심지어 채식주의, 언약의 백성 되기, 그리고 '우리 단체는 특별하니 등록하라'는 식의 내용도 포함될 수 있다.

마지막 내용은 다소 이상하게 여겨질 수 있겠지만, 실제로 그런 식으로 파생되는 내용들이 얼마나 많은지 모른다! 기독교계나 각 교파 안에서 가장 존중받는 기독교 운동을 통해서 가르치는 내용에 대해서도 다시금 살펴보라! 그들은 자신들만의 '성공적인 삶의 비결'을 가지고 기존의 내용에 일격을 가하기도 한다. 특정 교리를 믿어야만 한다고 주장하는 경우도 많다. 그 교리야말로 '중요하기' 때문이라고 말이다.

어떤 교파에서는 주님이 재림하실 수 있는 방법은 오직 하나뿐이라며, "형제여, 그 사실을 믿는 것이 좋을 거요"라고 말하기도 한다. 또는 주님이 특별한 방법으로 오신다는 사실을 믿지 않았기 때문에 결국 휴거되지 못하고 남을 거라는 느낌을 받게 하기도 한다.

물론 내가 속한 교단인 남침례교에서도 마찬가지다. '등록카드'를 작성하지 않으면 주님이 기뻐하시지 않을 거라고 위협을 가하며 사람들을 당황하게 하는 설교를 하기도 한다.

이런 '비결'이 조금이라도 효과가 있다면 그대로 고수하라. 그러나 내 경우에는 전혀 효과가 없었다. 그리고 내가 사역하는 사람들 대다수에게도 효과가 없기는 마찬가지였다.

스스로 그리스도인의 삶을 살 수 없다

나는 집에서나 식사 시간에, 또는 전화 통화를 하거나, 수천 통의 편지를 읽거나, 강의를 들으면서 '아무리 노력을 해도 소용이 없었다'는 그리스도인들의 말을 수없이 많이 들었다. 끊임없이 눈물을 흘리면서 자신의 낙담된 마음을 토로하는 사람들도 많았다. 오늘 우리 시대의 그리스도인들은 지난 1700년 동안의 그리스도인들과 마찬가지로 다음과 같은 단순한 질문에 대답할 준비가 되어 있지 않다.

"날마다 예수 그리스도를 내적으로, 개인적으로, 친밀하게 알아 갈 수 있는 방법은 무엇인가?"

어떤 사람은 다음과 같은 말을 황급히 덧붙일지도 모르겠다. "제발 성경 읽고 기도하라는 말은 그만했으면 좋겠어요. 다른 사람이 생각하는 것보다 나는 성경을 많이 읽고 기도도 많이 하니까요. 나는 단지 그리스도를 알고 싶을 뿐입니다."

내가 그리스도인으로서의 삶의 비결을 말해 줄 수는 없겠지만, 그래도 한 가지 말할 수 있는 것은 '대다수의 사람들에게는 앞에서 열거한 내용들이 아무 효과가 없다' 는 말이다. 우리가 원하는 답은 다른 데 있다. 이 책에서 내가 할 일은 그리스도인의 삶과 주님을 경험하는 실제적인 방법에 대해 전체적으로 새롭게 조명해 볼 수 있도록 당신에게 소개하는 일이다. 그렇다고 이 책이 모든 그리스도인들의 아픔과 고통을 치료해 줄 만병통치약을 제시하는 것은 아니라는 사실을 짚고 넘어간다.

나는 여기에서 한 가지 사실을 말하고 싶다. 그리스도인으로서의 삶을 사는 방법상의 문제에 거의 근접했다고 하더라도 앞에서 열거한 내용을 나는 하나도 믿지 않는다. 모두 처음부터 결함이 있는 내용들이다.

앞에서 나열한 내용의 치명적인 결함은 무엇인가? 내용 하나하나가 모두 그리스도인으로서의 삶을 사는 것이 가능하다고 가정한 것이다. 당신은 그리스도인의 삶을 살 수 있는가? 그 대답은 '아니다'이다. 절대로 아니다! 충격 받지 말라. 책을 계속 읽어 가라! 그 말이 사실이라면, 당신이 '비결'로 배웠던 모든 내용 전체가 아무런 효과가 없다는 말이 된다!

그리스도인으로서의 삶을 살아갈 수 있다는 전제를 벗어나 주님을 완전히 새롭게 경험할 수 있도록 하는 만병통치약을 제시하기 위해 이 책을 집필한 것이 아니다. 그저 '나 자신은 그리스도인의 삶을 살 수 없다'는 단순하면서도 심오한 사실을 기억하라. 자유함을 누릴 날도 멀지 않았음을 기억하라.

진정한 그리스도인은 누구인가

나는 이 책을 '그리스도인으로서의 삶을 살 수 없다'고 하는 그리스도인들을 위해 썼다. 바로 실패를 경험한 사람들을 위한 책인 것이다! 사랑하는 독자들이여, 이 말은 우리 모두를 지칭한다는 사실을 기억하라. 자신은 아무런 문제가 없다고 허세를 부리는 사람들까지도 포함해서 말이다!

앞에서 나열한 항목들은 당신이 그리스도인으로서의 삶을 사는 것을 당연하게 여기는 표현들이다. 그 모든 내용이 '너'라는 말에 중점을 두고 있음에 유의하라. 이는 오늘날 당신 앞에 서 있는 거대한 산이다. 이를 '너 중심'의 산이라고 부르도록 하겠다. 당신은 그곳에서 그리스도인으로서의 삶을 산다. 우리는 이제부터 그 산을 옮겨 놓는 작업을 할 것이다. 앞으로 우리는 그 산을 옮기기만 하는 것이 아니라 전혀 다른 산으로 나아갈 것이다. 전혀 다른 유리한 고지에서 말이다. 앞에서 나열한 항목에서 비롯된 산을 움직이고, 반드시 서 있어야 할 다른 산으로 옮겨 가는 것이 이 책의 목적이다. 그곳이 어디인지는 이 여정에 함께 참여하며 알아보도록 하자.

그렇지만 이 책에는 또 다른 목적이 있다. '그리스도인으로서의 삶'을 직접 살았던 두 사람의 모습을 보여 주는 것이다! 나는 전혀 주저함 없이 그들에 대해 말하고 싶다! 그들은 첫 그리스도인이라고 불릴 수 있는 두 명의 사람들이다.

십일조와 전도, 부지런한 교회 생활, 도덕적인 생활, 그리고 '기도하고 성경 읽기'를 삶의 비결로 보는 관점에서 떠나, 아주 단순한 질문 하나를 던지면서 좀 더 높은 차원의 것을 살펴보기로 하겠다.

첫 번째 그리스도인은 어떤 식으로 그리스도인의 삶을 살았을까? 그의 삶을 통해 우리가 모르는 그 어떤 것을 배울 수 있을까? 우리가 간과하고 있는 사실을 그는 알고 있었을까? 그리고 두 번째 그리스도인에게도 동일한 질문을 할 수 있겠다.

그런 후에도, 중요한 한 가지 질문을 더 해보아야 한다. "첫 번째 그리스도인이 살았던 것과 다른 방식으로 살도록 배우지는 않았는가?" 다른 말로 표현하면 이 것이다. "첫 번째 그리스도인은 내가 갖지 못하고 가질 수도 없는 그리스도인의 삶의 방식을 따라, 유리한 입장에서 살지는 않았는가?" 우리는 혹시 첫 번째 그리스도인과는 전혀 다른 일련의 규칙을 따라 생활해야 하는 열등 그리스도인들이 아닌가?

당신이 아직 그 답을 깨닫지는 못했더라도 핵심을 파악했을 것이다! 앞의 질문은 첫 번째 그리스도인에게는 우리가 가지지 못한 유리한 점이 있었음을 강하게 시사한다. 그는 한 가지 방법으로 그리스도인의 삶을 살았지만, 우리는 그와 다른 방법으로 그리스도인의 삶을 살아야 한다. 우리의 '방법론'과 그의 '방법론'에는 차이가 있다.

이에 대해 당신은 어떠한 생각이 드는가? 나는 첫 번째 그리스도인이 살았던 방식과 전혀 다른 방식으로 살아야 한다는 것이 사실이라면, 속았다는 느낌이 들 것 같다!

그 사실을 함께 연구하기 위해, 첫 번째 그리스도인이 누구인지 찾아보도록 하자. 그리고 그를 찾으면 다음과 같이 물어보자. "교회에 출석하고, 기도하며, 성경 읽고, 전도하며, 십일조를 하면서 그리스도인의 삶을 사셨나요?" 첫 번째 그리스도인이 그런 방식으로 살았다면, 우리도 반드시 그런 삶을 살아야 할 것이다. 하지만 그것이 첫 그리스도인이 영위했던 매일의 삶의 비결이 아니라면, 지금까지 우리가 배워온 '방법론' 전체에 의혹이 있다는 말이 된다. 또한 그것이 사실이라면, 위에서 열거한 목록은 우리에게 해당되는 내용이 아니라는 말이기도 하다!

이제 이 여정을 시작해 보도록 하자. 크게 놀랄 일이 몇 번 있을 것이다. 당신에게 있을 획기적인 변화를 기대하라!

The Secret to the Christian Life
chapter 2

진정한 그리스도인은 누구인가

첫 번째 진정한 그리스도인은 누구인가?

막달라 마리아일까? 그는 부활하신 그리스도를 가장 먼저 만난 사람이다(요 20:11-18). 마리아는 기도하고, 성경을 읽으며, 교회에 출석하고, 전도를 하며, 십일조를 했는가? 이것은 마리아에게 무미건조한 이야기가 아닐까 싶다. 그렇다면 베드로가 첫 그리스도인이었을까? 부활하신 날 밤, 주 예수님은 베드로의 영을 일깨우셔서 그분의 신령한 기질을 베드로에게 불어넣어 주셨다(요 20:22). 베드로는 문맹자였으므로 그가 첫 번째 그리스도인이 아니었기를 기대해 보자(성경 공부를 해야 하기 때문이다).

여기에서는 기도하고, 십일조를 하며, 교회에 출석하는 일이 전혀 어울리지 않는 것 같아 보이지 않는가?

베드로와 막달라 마리아가 첫 번째 그리스도인이 아니라는 사실을 알게 되었다. 그렇다면 누구였을까? 그는 그리스도인으로서 어떠한 삶을 살았을까?

우리는 하나님으로부터 모든 것이 나온다는 사실을 알고 있다. 우리 질문의 대답은 하나님과의 관계, 즉 아버지와 아들과 성령의 관계에서 찾을 수 있다.

2천 년 전, 하나님이신 예수님이 인간의 몸을 입고 오셨다. 그분은 이 땅 위에서 '그리스도인의 삶'을 사셨다. 단정지어 이야기하기에는 좀 이상할 수도 있으나, 주 예수 그리스도께서 그리스도인이었다고 하자! 또한 그분이 그리스도인으로서의 삶을 살았다고 하자. 그렇다면 한 가지 질문을 해보자. "그분은 어떤 식으로 그리스도인의 삶을 사셨는가?"

당신과 내가 이 질문을 살펴보고, 그 의미를 생각해

본다면, '그리스도인의 삶을 사는 방법'에 대한 우리의 관점에 심각한 변화가 필요하다는 사실도 인정해야 할지 모른다! 사실상 '그리스도인의 삶을 사는 방법'에 대한 일반적인 관점은 다시금 새로운 시각으로 조정되어야 할 수도 있다.

이제 예수 그리스도와 그분의 삶의 방법을 살펴보도록 하자.

chapter 3

예수 그리스도는 그리스도인의 삶을 어떻게 사셨는가

하나님이 인간의 몸을 입고 이 땅에 내려와 그리스도인의 삶의 모본을 보여 주셨다. 하지만 잠시 멈춰서 생각해 보자. 예수님은 삼위 하나님의 두 번째 위치에 계신다. 우리 주 예수 그리스도께서 한 번이라도 공개적으로 자신이 그리스도인의 삶을 살 수 없다고 말씀하신 적이 있었는가? 그렇다. 예수님은 자신의 힘으로 그리스도인의 삶을 사실 수 없으셨다(요 5:30). 놀라운 일이 아닌가! 마음의 갈등을 겪고 있는 사람들이 있다면 요한복음 5장 30절을 찾아보라. 이제는 그분께 한 가지 질문을 던져 보자. "왜 그리스도인의 삶을 사실 수 없었습니까?"

예수님이 그리스도인의 삶을 사는 데 있어서 기도와 성경 공부가 뒷받침이 되어 주었던가? 예수님이 기도하신 것은 사실이지만, 기도가 그리스도인으로서의 삶을 사는 비결에 있어서 중요한 근간이 되었던가?

그다지 어울리지 않는 말이 아닌가? 하나님의 아들이 하루를 살아가기 위해 기도하고 성경 공부를 하셨다는 말인가? 사실상 주님이 믿는 자로서의 삶을 현실화하기 위해 매일 성경을 읽으셔야 했다는 발상은 다음과 같은 이유로 맞지 않다. 첫째, 영원 이전에 존재하신 예수님에 대한 무례한 생각이다. 둘째, 아버지께서 그분 안에 계신다는 사실에 대한 모욕이다.

주님은 성경 공부 등의 방법으로 그리스도인으로서의 삶을 사시지 않았다. 다만 예로 드셨을 뿐이다. 그 말은 예수님이 매일 성경을 읽는 일에 매달리지 않았음을 의미하지는 않는가? 우리는 예수님이 기도와 성경 공부에 매달리셨다고 강조한 말을 들어 오지 않았던가?

우리 주님은 성경 말씀에 기록된 것과 달리 그다지 성경을 많이 읽었던 분은 아니다! 그분은 살아 계신 말씀 자체이시다. 구약성경 시대를 보면, 예수님이 사람들에게 말씀하셨고 그들은 그 말씀을 기록하였다.

예수 그리스도께서 나사렛의 회당에 앉아 이사야 말씀이 적힌 두루마리를 읽으셨던 때를 생각해 보라. 당시 예수님은 막 사역을 시작하셨다. 예수님은 우연히 이사야 말씀을 인용하신 것이 아니라, 자신의 지상사역 개시를 언급한 이사야 말씀을 인용하셨다! 따라서 엄밀히 말하면, 이사야서가 그리스도를 언급한 것이지, 그리스도께서 이사야서를 인용한 것이 아니다. 예수 그리스도께서 나사렛 회당에 앉으셨을 때, 그분은 이사야에게 말씀을 전하시던 당시를 떠올렸을지도 모른다. 이제, 사복음서를 읽을 때, 예수님이 역사의 사건과 하늘에서 일어난 과거의 사건을 회상하는 모습이 자주 나온다는 사실에 주의를 기울이고 싶은 마음이 당신에게 생겼을 것이다. 예를 들어, 요한복음 17장에서 예수님은 이렇게 기도하고 계신다. "아버지께서 창세전부터 나를 사랑하시므로"(24절).

이것은 무슨 기도에 관한 것인가? 예수님이 아침 일찍 일어나 한적한 곳으로 기도하러 가신 것은 사실이다. 하지만 현대의 기도 개념으로 받아들여서는 안 된다. 주의하지 않으면, 그저 하루 종일 혼자 기도하고 성경을 읽으면서 좋은 그리스도인이 되려고 힘겹게 노력하는 한 남자의 모습만 발견할 뿐이다. 매일 아침, 기도하기 시작해서 하루 종일 멈추지 않는 사람의 모습으로도 상상할 수 있다. 이른 아침부터 기도하기에 매달리고, 하루 종일 성경을 읽는 모습 말이다.

이 장면에 관한 여러 잘못된 생각이 지금까지도 이어져 왔는데, 다음의 생각이 가장 타당성이 있다. 주 예수님은 하루 종일 혼자가 아니셨다. 우리 주님은 하나님 아버지와 지속적인 교제를 나누고 계셨다. 또한 지속적으로 친밀한 관계를 누리셨다. 단 한 번도 아버지와 의식적이고 지속적인 교제를 나누지 않은 순간이 없으셨다. 예수님 안에 계신 하나님 아버지는 지속적으로 말씀하셨다. 하나님 아버지는 예수님 안에 거하셨다. 예수 그리스도는 하나님 아버지의 임재를 느끼지 못하거나 아버지의 내적 음성이 들리지 않으면, 말씀하지 않으셨다는 표현이 더 분명하겠다.

예수 그리스도 안에는 내주하시는 분이 계셨다!

우리 주님이 하나님 아버지와 지속적인 교제를 나누셨다는 사실을 절대 잊지 말라.

인간이 창조되기 전부터 시작된 일

이제, 앞에서 열거하였던 내용 가운데 다른 부분도 살펴보자. 주님이 사셨던 '그리스도인으로서의 삶의 비결' 가운데에는 십일조도 포함되었을까?

예수 그리스도는 정기적으로 십일조를 내셨을까? 알 수는 없다. 혹시 십일조를 내셨더라도, 그 헌금은 그리스도인의 '삶의 비결'에 포함되어 있지 않았다.

교회 출석은 어떠할까?

많은 사람들이 예수님이 성실하게 회당에 참석하셨다고 말한다. 예수님도 회당에 다니셨으므로, 주일 오전 11시에는 반드시 교회에 가야 한다고 주장하는 것이다. 사랑하는 독자들이여, 그 이유가 너무 억지스럽지 않은가? 교회는 회당이 아니다. 또한 엄밀히 말해 '회당을 다닐 수'는 있어도 '교회를 다닐 수'는 없다. 서기 323년 전까지는 '교회를 다닌다'는 개념 자체가 없었다. 초기 기독교 1세기 동안에는 성도들이 교회였다.

회당은 교회의 전신(全身, 온몸)이 아니다. 그리고 예수 그리스도는 회당 모임에 참석함으로써 그리스도인의 삶을 사신 것이 아니다. 하나님이 이를 금하신다!

내 생각은 이렇다. 주님이 어린 소년이었던 시절, 어두침침하고 후덥지근하며 숨이 막히고 답답하며 창문 하나 없는 건물 안에서, 참석한 대다수의 사람들이 알아듣지도 못하는 말로 질질 늘어지게 진행되는 지겨운 의식을 지켜보아야 하는 것은, 마치 오늘날 열 살 된 소년이 교회와 주일 학교에 참석해야 하는 일과 같았을 것이다. 오늘날, 교회 간다고 신이 나서 좋아하는 열 살 짜리 소년이 몇 명이나 있겠는가.

8월의 어느 토요일, 열 살밖에 안 된 주님이 땅바닥이나 의자 위에 힘겹게 걸터앉아 있는 모습을 상상해 보라. 두 시간을 끔찍하게 앉아서 버티며 잠을 쫓느라 여념이 없던 그가 마침내 밖으로 나와 한숨을 깊이 쉬면서 이렇게 말하는 모습을 말이다. "나중에 크면, 교회를 세워야지. 모임도 회당 예배랑 똑같이 진행되도록 할 거야!"

과연 이런 모습을 보면서 성경 공부와 기도와 십일조, 교회 출석과 '좋은 그리스도인이 되기 위한' 의무 사항이라고 배웠던 여러 가지 내용들이 예수 그리스도의 삶의 비결이라고 생각할 수 있겠는가?

그렇다면 주님의 삶의 비결은 무엇이었을까? 바로 다음 사실로부터 시작될 수 있다. 예수 그리스도는 당신과 나의 행동으로는 그리스도인의 삶을 사는 것이 불가능함을 아셨다! 게다가 주님은 그리스도인으로서의 삶을 사시지 못하셨고, 그런 삶을 살지도 않으셨다. 놀랍게도 예수님은 공개적으로 그 사실을 밝히셨는데 우리는 그 중요성을 간과해 왔다.

아직도 능력이 남아 있다면, 당신은 형식적인 옛 전통을 고수하라! 나는 그리스도인의 삶을 살 능력이 없음을 고백한다. 이는 당신도 마찬가지다. 예수 그리스도께서도 그러하셨다. 우리 중 어느 누구도 그리스도인의 삶을 살아갈 수 없다!

여기 더욱 충격적인 사실이 있다. 예수 그리스도는 첫 번째 그리스도인이 아니었다는 점이다! 우리는 엉뚱한 곳에서 첫 번째 그리스도인을 찾고 있다. 예수 그리스도 외에 다른 이가 첫 번째 그리스도인이었다.

그리스도인의 삶을 '고안해 낸' 사람 역시 예수 그리스도가 아니다. 그리스도인의 삶은 서기 30년, 아니 서기 1년보다도 더 오래전에 시작된 일이다. 엄청난 고대적의 일이다. 그리스도인의 삶은 모세보다도, 아브라함보다도, 노아보다도 훨씬 이전부터 시작된 일이다. 그리스도인의 삶은 심지어 아담보다도 오래되었다! 그렇다. 그리스도인의 삶은 인간이 창조되기 이전부터 있었던 것이다! 그리스도인의 삶, 그리스도인으로서의 삶을 사는 것은 우주가 창조되기 이전의 일이다. 그리스도인의 삶은 영원 이전부터 있었다. 더욱 믿기지 않는 사실은 그리스도인의 삶이 이곳 지구에서 시작된 것이 아니라는 점이다. 내 말을 주의 깊게 들어 보라. 그리스도인의 삶이란 우리 인류에게서 시작되지 않았다. 그리스도인의 삶은 우리 인간의 생활 형태에서 기인한 것도 아니다. 오직 우리가 아닌 다른 존재 형태에 포함된 것이다.

그리스도인의 삶이란 과거든 현재든 인간에게 속한 것이 아니다! 그리스도인의 삶은 다른 영역의 세계에 속한 것이다. 더욱이 그리스도인의 삶은 인류가 아닌 다른 존재만이 영위할 수 있는 생활이다.

마지막으로, 가장 충격적인 사실 중 하나는 그리스도인의 삶은 오직 다른 영역의 세계 안에서만 누릴 수 있다는 점이다! 다시금 설명한다. 그리스도인의 삶은 영적인 영역의 세계에서, 영적인 피조물들만이 영위할 수 있다. 물질세계의 피조물들 안에서는 이를 누릴 수 없으며, 인간은 그리스도인의 삶을 살 능력이 없다! 육적인 존재들이 그리스도인의 삶을 살았던 적도 없으며, 물질 영역의 세계에서 그리스도인의 삶을 누리는 법도 없다.

앞에서 말한 모든 내용이 사실이라면, 우리 인류는 결코 그리스도인의 삶을 살 수 없다는 말이 된다. 또한 당신 역시 그리스도인의 삶을 살지 못하게 된다는 말이 된다. 그리고 1장에서 나열한 모든 사항을 철저히 지킨다고 할지라도 그 사실이 번복되는 일은 없을 것이다.

이 내용이 당신에게 혁명적으로 다가오는가? 아직 아무런 느낌이 없다면, 좀 더 읽어 보라.

하나님 아버지 만나기

온 우주에서 그리스도인의 삶을 살 능력이 있는 그리스도인은 오직 한 분뿐이며, 그분도 영적인 영역의 세계에서만 그리스도인의 삶을 살 수 있다는 사실을 깨닫는 것보다 더 긴박한 필요는 없을 것이다. 그리스도인의 삶을 살 수 있는 유일한 사람은 주 예수 그리스도가 아니시다. 우리 주님은 자신이 그리스도인의 삶을 살 수 없음을 분명하게 말씀하셨으며, 유일하게 그 일을 하실 수 있는 분은 따로 계심을 언급하셨다. 우리에게 꼭 필요한 구세주이시자, 하나님의 아들이신 예수님의 말씀을 들어 보라.

> 아버지께서 하시는 일을 보지 않고는 아무것도 스스로 할 수 없나니*

예수 그리스도께서 그리스도인의 삶을 살지 못하신다는데, 당신 자신은 할 수 있다고 생각해야 하는 이유가 무엇인가?

그런 삶을 살 수 있다고 말한 사람들은 어디에서 그런 생각을 얻게 되었을까? 주님도 못하신 일을 당신은 성공할 수 있을 것 같은가? 당신은 이제 그리스도인으로서의 삶을 살아 보려고 노력했던 모든 시도를 포기함

---

* 요한복음 5장 30절, 8장 28-29절을 참조하라.

으로써, 다시없는 기쁨의 날을 오늘날 맞이할 수 있게 될 것이다! 그렇다면, 우리 중 어느 누구도 그리스도인으로서의 삶을 누릴 수 없다는 사실 때문에 당신도 여느 사람들처럼 실패하는 것은 당연한 일이 된다. 하지만 우리 모두가 할 수 있는 일이 한 가지 있다. 그리스도인으로서 살아가려고 시도했던 일이 모두 허사로 돌아갔다는 일을 증명하는 일이다.

이제 첫 번째 그리스도인이며 유일한 그리스도인이자, 그리스도인의 삶을 살 수 있는 그 한 분이 누구인지 당신에게 소개할 영광을 누릴까 한다. 그분은 바로 '하나님, 아버지' 시다! 하나님 아버지께 다음과 같이 기도해 본다.

> "아버지, 그리스도인의 삶을 살고자 고군분투하는 이 불쌍한 영혼들을 주님 앞에 내어 드립니다."

사랑하는 독자들이여, 그리스도인의 삶의 비결이신 하나님 아버지를 만나라! 그분을 알아가며, 그분과 사귀는 법을 배우라. 그분은 그리스도인의 삶을 살 수 있는 유일한 소망이시다!

이제는 무슨 일이 있어도 우리 주 예수 그리스도의 아버지께 다음의 질문을 던지도록 하자. "아버지, 어떻게 그리스도인의 삶을 사십니까?"

우리 아버지께 이런 질문을 던질 수도 있겠다. "아버지, 아들이신 주 예수 그리스도는 이 땅에서 어떻게 그리스도인의 삶을 사셨습니까? 그리고 아버지 안에서 영원한 아들로서 거하던 영원 이전의 시간에는 어떻게 그리스도인의 삶을 사셨습니까?"

The Secret to the Christian Life
chapter 4

유일하게 완전한 그리스도인의 모습

유일한 그리스도인.*

아버지께서 하시는 일이 있다면, 이는 그리스도인의 일이다. '그리스도인'이 누구이든, 그는 바로 아버지시다. 그분은 그리스도인이시다. 아버지께 아닌 것은 그리스도인에게도 아닌 것이다. 그분이 행하시는 것이 바로 그리스도인이 할 일이다! 그분의 모습이 바로 그리스도인의 모습이다. 그분이 그렇다면 그렇다. 그분이

---

* 당신과 나도 그리스도인이지만 온전히 그리스도인의 삶을 사는 분은 오직 하나님 한 분뿐이다. 살아 있는 그리스도인의 삶이 하나님께로부터 흘러 우리에게로 오는 것이다. 우리가 한 가지 확신할 수 있는 것은 그리스도인은 어떻게 그리스도인의 삶을 살아가야 하는지 알고 있다는 것이다. 그리고 하나님은(그리스도인) 그러한 삶을 살고 계신다.

아니라면 아니다. 그분 자체가 그리스도인이시다. 그분의 생각, 행동, 방법이 그리스도인의 것이다. '그리스도인'이란 아버지 하나님 그분이며, 다른 아무도 아니다. 그분이 바로 그리스도인의 정의가 되신다.

건너편에 나이가 지긋한 노인이 앉아 있는 모습을 상상해 보라. 흔들의자에 앉아 있는 백발의 품위 있는 노신사의 모습 말이다. 그는 경건하게 성경을 읽는다. 그리고 기도한다! 얼마나 성스러운 모습인가. 그리고 이후에는 자리에서 일어나 교회로 향하고, 십일조를 낸다. 이 모습이 하나님 아버지의 모습일까? 성경을 공부하고, 기도하며, 교회에 출석하고, 십일조를 하는 것이 그리스도인의 삶의 비결을 보여 주는 모습일까? 이 모습은 하나님 아버지의 모습이 결코 아니다. 흔들의자에 앉아 있는 분은 우리 할아버지의 모습일 뿐이다. *

---

* 나의 할아버지는 끊임없이 주님을 사랑했던 루이지애나 케이즌 사람이었다. 참고로 루이지애나 케이즌 사람은 프랑스인의 후손으로 프랑스어 고어의 한 형태인 케이즌어를 사용하는 미국 루이지애나 사람이다. 그는 문맹인이었는데, 글을 읽을 줄 모르는 것이 하나님을 사랑하는 데 방해가 되지는 않았다. 그는 의례적으로 성경책을 집어 앞쪽에 들고 아주 오랫동안 그 성경책을 주시하곤 했는데, 항상 성경책을 거꾸로 들고 있었다는 것이다. 그럴 정도로 글을 몰랐던 분이 나의 할아버지였다. 할아버지는 글을 읽을 줄 몰랐지만, 주님과의 친밀함을 성경학자나 헬라어 원문을 읽는 신학자들에게 말하고 다녔다. 그렇게 했다는 것이 잘 조화되지 않지만 말이다.

영원하신 하나님을 그런 모습 이외의 다른 식으로 생각하는 것을 당신은 상상이나 할 수 있겠는가? 그런데 많은 사람들이 그렇게 하고 있는 것 같다! 창조의 하나님이 좋은 그리스도인이 되기 위해 하루 종일 성경을 읽고, 기도하며, 교회에 출석하는 모습이라니! 하나님 아버지에 대한 그런 고정된 기준을 왜 벗어 버리지 못하는가? 그러다가 결국 우리 자신에게도 동일한 기준을 적용하고 말았다.

　　조금 더 자세히 알아보자. 당신은 빛의 아버지께서 성공적인 그리스도인의 삶을 살기 위해 금식을 하는 모습을 상상할 수 있는가? 한번 시도해 보라. 아마도 그런 모습은 상상할 수 없을 것이다. 그런 생각 자체를 떠올리기 힘들 것이다.

　　그렇다면 다른 관점에서 살펴보자. 그러한 법칙을 당신에게 부과한 이가 우리 주 예수 그리스도의 아버지이신가? 아버지 하나님이 승리하는 그리스도인으로 살도록 그런 기준을 제시하셨으며, 그리스도인의 삶을 살도록 그러한 법칙을 아들이신 예수님께 부과하셨다고 생각하는가? 아버지께서 아들이신 예수님에게 좋은 그리스도인이 되기 위해 성경을 읽고, 기도를 하며, 교회에 출석하고, 금식을 하라고 말씀하셨는가? 정말로 그런 말씀을 하셨을 거라고 생각하는가? 아마 그렇게 생각하지 않을 것이다. 나 역시 그렇게 생각하지 않는다.

영원의 세계로의 여행

그리스도인의 삶에 대한 흔들리지 않는 근본적인 원리에 대해 알아보도록 하자. 불변의 법칙은 과연 어디에 있을까? 바로 영원 이전의 하나님 안에서 흔들리지 않는 영적 지침을 찾을 수 있다. 영원 속에 거하시는 영원하신 하나님께로 나아가라!

그리고 영원 이전으로 함께 여행을 떠나 보자. 성경 여기저기에서 찾아낸 말씀을 가지고서 '이것이 유일한 길이다. 이 길로 가라'며 당신을 향해 확신에 찬 듯이 외쳐대는 인간의 법칙이나 번듯한 계획 따위는 잊어버리라.

창조 이전의 영원의 세계로 가보자. 영원 속에서, 영의 세계 속에서 하나님 아버지께 여쭤보자. "아버지께서는 어떻게 그리스도인의 삶을 사십니까? 아버지의 비결은 무엇입니까?" 그리고 바로 그 자리에서 다시금 여쭤보자. "영원하신 아들 예수는 어떻게 영원 속에서 그리스도인의 삶을 사셨습니까?"

예수님이 인간의 몸을 입고 이 땅에 오시기 전, 이 세상이 창조되기 이전으로 돌아가 아들이신 예수님께 과감한 질문을 던져 보자. "이 땅에 오시기 아주 오래전인, 영원 전의 세계 속에서 어떻게 그리스도인의 삶을 사셨습니까?"

바로 그 근본의 장소에서, 우리가 간과했던 주된 초점이 무엇인지 찾을 수 있게 될 것이다. 마음을 다해 귀를 기울이라. 이제야말로 그리스도인의 삶의 비결을 발견할 때가 되었다.

chapter 5

영원 이전의 그리스도인의 삶

하나님 안에서 영위하는 그리스도인의 삶은 영원 이전부터 있었다. 오히려 그 이전의 시기에서 그리스도인의 삶을 발견하게 된다. 그 삶은 하나님 안에서 현실화되었다. 그리고 마침내 여기에서 근본 원리가 드러났다! 이곳은 요동하지 않고, 결코 변하지 않으며, 늘 동일한 곳이다. 당신도 알겠지만 이곳에서 어떤 일이 일어나든 이는 당신이 그리스도인으로서 살아가는 법을 상징적으로 예시한다. 이 얼마나 놀라운 일인가?

다소 의아할 수도 있겠지만 다음의 사실을 명확하

게 말로 표현해 보라. "하나님 아버지께서는 그리스도인이시다. 그리고 그리스도인의 삶을 사신다!" 또한 '그분은 인간이 아니시다. 그분은 우리 인간의 혈통과는 다른 분이다. 우리의 생활 형태를 갖고 계시지도 않다'는 점을 주의하라.

더 나아가 그리스도인의 삶은 인간의 생활 형태 이상의 상태에서만 현실화될 수 있다는 사실과, 그리스도인의 삶은 오로지 영으로(하나님은 영이시다)만 누릴 수 있다는 점, 그리고 그러한 삶은 영적 세계 속에서만 누릴 수 있음을 더욱 눈여겨보라.

이 모든 요소가 바로 인간이 창조되기 오래전에 그리스도인의 삶을 구성하는 요소였다. 이 요소는 변함이 없다! 그리스도인의 삶은 육체적인 영역의 세계에서 현실화되지 않았다! 처음에 영원 속에서 현실화된 것이다. 그리고 본래 인간이 아닌 하나님께 속한 생활 방법이었다.

다시 질문으로 돌아가자. "하나님 아버지는 어떻게 그리스도인의 삶을 사셨는가?"

하나님은 그런 삶을 살지 않는다는 것이 그 대답이다. 하나님 그분 자체가 '그리스도인의 삶'이다. 그분 자체가 천상의 삶이며, 그리스도인의 삶을 가능케 하는 유일하고 고귀한 삶이다. 만일 당신이 천상의 삶을 누리지 못한다면, 그리스도인의 삶을 살 수 없다. 또한 천상의 삶을 소유하되 그에 따라 생활하지 못하면, 그리스도인의 삶을 살 수 없다. 그리고 그 삶을 지녔다 해도 그 사실을 알지 못하면 그리스도인의 삶을 본격적으로 시작할 수 있는 '시작 단추'를 찾는 데 큰 어려움을 겪을 것이다.

그리스도인의 삶은 영적 세계에서 현실화할 수 있다. 그리스도인의 삶은 영적 세계에 속해 있으며, 영적 세계에서만 누릴 수 있다.* 그러므로 그리스도인의 삶은 오직 신적 존재만이 누릴 수 있다!

드디어 우리는 궁극적인 근원과 근본적인 원천, 뿌리와 원류에 이르게 되었다. 여기에 우리의 시작점이

---

* 지금 이 문장이 난해하게 느껴지더라도, 몇 페이지를 더 읽은 후에는 구체적으로 이해될 것이다.

있다. 바로 여기에서 그리스도인의 삶의 비결을 찾아 여행을 시작하게 된다. 그 외에 다른 곳에서 시작하는 것은 오류다. 결국 엉뚱한 결론에 다다르게 될 것이다! 하나님 아버지께서 그리스도인의 삶의 근원이시고, 원천이시며, 시작점이고, 진원지이시다. 그리스도인의 삶을 사실 수 있는 분은 오직 그분뿐이다. 오직 그분의 생활 형태만이 그리스도인의 삶을 살 수 있게 한다.

무엇보다 지금은 이 최상의 진리에 주목하도록 하자. 이것을 놓치면 그리스도인의 삶을 살려는 노력은 물거품이 되고 만다.

1. 하나님 아버지 외에는 그리스도인의 삶을 살 수 있는 이가 없었다. 그리스도인의 삶은 오직 하나님 아버지께서만 현실화하실 수 있다.

2. 아버지의 삶의 방법을 통해서만 우리도 그리스도인의 삶을 살게 된다. 아버지의 삶, 천상의 삶을 통해 그리스도인의 삶을 산다. 하나님의 삶만이 그리스도인의 삶을 살게 한다.

아버지의 방법이 아니라면, 우리는 절대로 그리스도인의 삶을 살 수 없다. 오직 우리 안에 내주하시는 아버지의 삶을 통해서만 그리스도인의 삶을 살 수 있다는 말이다. 그렇다면 그분의 삶이 어떻게 우리 안에 내주하는가? 그분의 삶은 당신의 영 안에 거하신다. 당신의 육체가 아니라 바로 가장 깊은 심령의 영 안에 계시는 것이다! 그분은 당신 안에서 그리스도인의 삶을 사신다. 그는 영이신데 유일한 영이시며, 그리스도인이신데 유일한 그리스도인이시다. 그는 매일의 삶 속에 실질적이고 핵심적인 실체가 되시는 분이다. 그렇지 않고서는 그리스도인의 삶을 살 수 없다!

다른 접근법으로 도전해 보고 싶은가? 그렇다면 한번 노력해 보라! 더욱 힘껏 노력하라! 당신이 아무리 노력한다고 해도 여전히 그리스도인의 삶을 살 수가 없을 것이다! 우리는 여기에서 잠시 멈춰 그 사실에 대해 신중히 살펴볼 필요가 있다. 계시가 있어야만, 하나님만이 그리스도인의 삶을 사실 수 있다는 사실을 깨닫는다. 나 자신은 궁극적으로 그리스도인의 삶을 살 수 없다는 사실에 대해 깊은 영적 계시가 필요한 것이다.

그렇다면 계시는 어떻게 받을 수 있는가? 대답은 간단하다. 그리스도인의 삶을 살려고 지속적으로 노력해 보라. 언젠가 깨달음의 계시가 임할 것이다! 즉, 그리스도인의 삶을 시도하면 분명 실패할 것이라는 계시 말이다. 그냥 하는 말이 아니다. 이것은 냉혹한 현실이며, 있는 그대로의 사실이다.

높은 차원의 삶 붙들기

이제 두 번째 사실을 살펴볼 차례인데, 첫 번째 살펴본 바를 마음 깊이 새기도록 하라. 그렇지 않으면 두 번째 내용에서 끝나 버릴 수도 있다.

그리스도인의 삶에 대한 두 번째 불변의 사실은 반드시 그분이 당신 안에서 그리스도인의 삶을 사셔야 한다는 점이다. 이 말에 주의하라. 그리스도인들 안에서 그럴듯하게 회자되고 있는 오래되고 케케묵은(아주 피상적인) 말이 있는데, "그리스도께서 우리를 통해 그리스도인의 삶을 사시도록 해야 한다"는 말이다. 이것은 자주 입에 담는 말이면서 동시에 아주 정확한 말이기도 하다! 하지만 경험적 뒷받침이 전혀 없이 회자되는 말이며, 사실상 이에 관한 지침서가 하나도 없는 실정이다.

이같이 영광스런 진리를 구체화시키는 방법에 대해 아무런 지식이 없는 그리스도인 가정을 보면서 나는 놀라는 한편 기가 막히기도 한다. 이 주제에 대해 구체적인 도움을 줄 수 있는 책이 더 많이 출간되어야 한다고 생각한다. 예수 그리스도께서 어떻게 우리를 통해 그분의 삶을 사시는가에 대한 실질적인 면을 다룬 기독교 서적은 거의 없다. 그저 어떻게 예수 그리스도께서 우리 안에 그리스도인의 삶을 사시게 되는가에 대한 구체적인 나열뿐이다.

그리스도께서는 어떤 식으로 당신을 위해 그리스도인의 삶을 사시는가? 아무도 무슨 말을 할지 모르기 때문에 그 답을 알 수 없다는 것이 타당한 얘긴가? "예수 그리스도께서 너희를 통해 그리스도인의 삶을 사시게 하라"는 말은 설교 시간이나 기도 시간에 자주 등장하는 주요 주제지만, 그 깊은 뜻을 제대로 헤아리지도 못한 채 그런 말을 하는 것은 아무런 가치가 없다. 실질적인 방법도 제시하지 않은 채 "당신 스스로 그리스도인의 삶을 살 수 없다"고 말하는 것은 무익할 뿐이다.

이 주제를 외친 후, 우리 안에 있는 높은 차원의 삶을 붙들어야만 한다는 사실이 빠져 있는 경우가 대부분이다. 그러나 우리는 우리 안에 있는 높은 차원의 삶을 붙들어야만 그리스도인의 삶을 살 수 있게 된다. 강아지는 인간의 삶을 살지 못한다. 인간만이 인간의 삶을 살 수 있기 때문이다. 강아지는 인간의 삶을 살 생활 형태를 갖추고 있지 못하다. 마찬가지로 인간은 그리스도인의 삶을 살 수 없다. 왜냐하면 그리스도인의 삶은 천상의 생활 형태에 속해 있기 때문이다.

내주하시는 하나님 바라보기

자신이 그리스도인의 삶을 살 수 없다는 사실을 깨닫는 것이 얼마나 중요할까? 또한 예수 그리스도께서 자신이 그리스도인의 삶을 살 수 없다는 사실을 깨달을 수 있었다는 것은 얼마나 중요했을까? 주님은 그 사실을 이해하셨다! 우리도 그 사실을 주님만큼이나 이해할 필요가 있다!

우리 주님이 그리스도인의 삶을 사실 수 없었다면, 그분이 그리스도의 삶을 사셨다는 말은 어떤 의미인가? 이것이 그 대답이다. 첫째, 하나님 아버지께서 그분 안에 거하셨다. 둘째, 아버지께서 그분 안에서 그리스도인의 삶을 사셨다. 그 뜻은 한 가지이다. 예수 그리스도께서 자신 안에(영 안에) 있는 천상의 삶을 붙드셨고, 아버지께 속한 이 천상의 삶을 아주 강력한 방법으로 고수하셨다는 의미다. 그분은 '내주하시는 하나님'에 대해 매우 잘 알고 계셨다.

아버지께서는 이 땅에서의 33년 세월 동안 아들 안에 내주하셨다. 아버지께서는 예수 그리스도 안에서 그리스도인의 삶을 사셨다. 주님 안에서 그리스도인의 삶을 산 것은 오직 아버지의 삶이었다. 그리스도인의 삶을 사는 것은 오직 아버지의 삶뿐이다. 우리 안에서 그리스도인의 삶을 살게 하는 것도 오직 아버지의 삶뿐이다. '그리스도인의 삶을 살기 위해' 다른 방향으로 시선을 돌려서 자기 자신의 방법을 따라 살게 되면 결국 좌절감만 느낄 뿐이다.

우리는 그리스도인의 삶을 살 수 없다. 독자들이여, 인간적인 시도는 모두 실패로 돌아갈 뿐이라는 사실을 기억하라!

실패를 허락하시는 하나님께 감사하라. 끊임없는 실패 덕분에, 생명 없는 우리 몸을 주 예수님께 이끌고 가서, "두 손 듭니다. 주님! 저는 그리스도인의 삶을 살 능력이 없습니다"라고 고백하게 되기 때문이다. 이 순간이야말로 당신의 신앙생활 가운데 가장 놀라운 순간이며, 그리스도인의 삶이 진정으로 시작되는 시간이다! 그때가 되면 자기 노력을 포기하게 될 것이다. 계시로든, 경험으로든, 자신이 그 모든 방식에 맞춰 살 수 있는 사람이 아님을 발견하게 될 것이다. 또한 아버지의 삶이 그 속에서 드러날 후보자의 반열에 서게 될 것이다.

믿는 자인 당신 안에 그분의 삶이 담겨져 있다는 것

은 두말할 필요도 없다! 하지만 그날에는 스스로 그리스도인의 삶을 살려는 노력을 멈추게 되고, 마침내 직접 사실 수 있는 권리를 그분께 내어 드리게 될 것이다. 그분이 직접 하시는 것이 얼마나 손쉽고 간편하며 본질적인가!

하나님 앞에 서기

지금이야말로 좋은 그리스도인이 되려는 자신의 노력을 모두 벗어 버릴 좋은 기회다. 그리스도인의 삶을 직접 살고자 하는 노력을 모두 내려놓을 절호의 시간이다(당신이 아무리 노력해도 실패를 경험하게 될 것이다). 하지만 주님이 아직 그 사실을 당신에게 보여 주지 않으셨다면, 더욱 스스로의 노력에 박차를 가하라! 언젠가는 좋은 그리스도인이 되기에 실패한 우리들과 함께 서게 될 것이다. 이렇게 호언장담할 수 있는 이유는 무엇인가? 그리스도인의 삶을 살려고 애쓰는 그리스도인들마다 경험하게 될 일이 바로 '실패'이기 때문이다!

'하라, 하지 말라'는 규범(하지 말라는 것은 하게 되고, 하라는 것은 잘 안 하게 된다)이 빽빽이 적힌 목록에서 당신이 자유하게 되기를 바란다. 놀랄 필요 없다. 잠시 멈춰서 곰곰이 생각해 보라. 당신은 그리스도인의 삶을 살 만큼 선했던 적이 한 번도 없다. 인정하라. 당신은 내심 교회에 가는 것이 싫었고, 기도는 언제나 부담스러웠으며, 성경 읽기 표는 텅 빈 채 어딜 보아도 말끔했다. 그런 실질적이고 진솔하며 현실적인 문제를 대면하지 않는다면, 갈등의 끝머리에 다다르지도 못하고, 주를 진정으로 알게 되는 시작점에 서지도 못하게 된다. 당신 안에서 자신의 삶을 사시는 그분의 탁월한 영광을 보지도 못하고 말이다!

우리는 영원 이전에 존재하시는 하나님 앞에 서 있다. 바로 창조 이전의 시대로 들어온 것이다. 이곳에서는 영원하신 아들과의 대면을 피할 수 없다. 그곳에서 우리는 이렇게 질문할 수 있다. "영원하신 아버지 안에 사시는 주님, 창조 이전의 영원의 시대에는 어떻게 그리스도인의 삶을 사셨습니까?"

사랑하는 독자들이여, 당신이 믿든 믿지 않든, 그리고 아들 예수님의 비결이 무엇이든, 그 비결은 당신에게도 속해 있음을 기억하라. 그리스도인의 삶을 사는 그분의 방법, 그분의 대답은 오늘날의 당신을 위한 것이다!

이제 예수님의 대답이 무엇인지 살펴보도록 하자!

The Secret to the Christian Life
chapter 6

하나님 안에 있는 '그리스도인의 삶'

경이로움 속에서 하나님의 존전 가장 핵심적인 중심부로 들어가 보자. 그곳에서 우리는 서로 교제하시는 성부, 성자, 성령을 보게 된다. 여기에서 '성경, 십일조, 금식, 예배당, 기도' 등의 흔적을 찾으려고 애쓰지는 말라.

그리고 조심스럽게 예수님께 가서 물어보자. "영원 전의 시간 속에서 주님은 어떤 방법으로 그리스도인의 삶을 사셨습니까?"

하나님의 존전 안에서 어떤 일이 일어나고 있는지를 볼 수 있다면(그리스도인의 삶이 어떤 식으로 현실화되는지 볼 수 있다면, 그곳이 바로 그 장소다) 그리스도인의 삶이 원래의 모습대로 당신 안에서 현실화된다는 사실도 볼 수 있다. 그리스도인의 삶을 사는 방법은 두 가지가 있다. 그중 한 가지는 하나님의 아들에게 해당되는 것이고, 나머지 하나는 당신과 나에게 해당되는 것이다.

아들이 아버지와 어떻게 관계하시는지 주시하라. 그리스도인의 삶을 살아가는 방법 중에 첫째 원칙과 가장 기초적인 원칙에 주의하라. 여기에 주님의 길이 있다. 태고의 움직임, 시초의 동작이 바로 여기에 있다. 여기에서 우리는 무엇을 발견하게 될까?

여기에 우리가 발견하게 되는 첫 번째 사실이 있다.

아버지께서는 자신의 생명을 아들에게 주셨다. 이것이 모든 것의 발단이다. 그리스도인의 삶을 현실화하는 첫걸음이다!

아버지께서는 순전한 사랑과 은혜로 아들에게 '그리스도인의 삶을 사는' 근본적인 생명을 나누어 주셨다. 아버지께서는 아들이 그 삶을 통해 살아갈 수 있도록 자신의 생명을 주신 것이다. 아버지께서 아들에게 주신 생명은 아들의 삶을 영위케 하는 생명이다. 아버지께서는 아들에게 자신의 생명을 전하셨고, 아들은 아버지의 생명으로 살아간다.

이것이 바로 영원하신 아버지 외에 다른 존재가 누릴 수 있도록 그리스도인의 삶이 현실화되어진 시초다. 그는 하나님의 두 번째 자리에 계신 분이다. 이는 아들이 아버지 앞에서 살아갔던 방법이다.

아버지께서는 그리스도인의 삶을 살 수 있는 유일한 생명을 아들에게 주셨다. 그리고 이제 아들은 그 생명의 방법으로 살아간다. 그러므로 여기에서 그리스도인의 삶의 연대기가 시작된다. 훗날 영원하신 아들 예수님이 목수로 이 땅에 오실 때, 사람들에게 그 비밀을 말씀하실 예정이었다.

내가 아버지로 말미암아 사는 것같이 요 6:57

계속 살펴보기 전에 다시 한 번 강조하는 것은 이 모든 일이 영적인 영역에서 일어나는 것이며, 아버지의 생명은 영이라는 점이다. 하나님은 영이시지 육체가 아니시다. 그분은 영적인 존재이다.

그렇다면 아버지께서 아들에게 생명을 주신 이후의 단계인 두 가지 경험은 무엇인가? 매우 아름다운 것이다! 아버지께서는 자신의 신적 생명을 통해 아들에게로 향하시고 그를 사랑하신다. 아들은 아버지의 생명을 통해 아버지의 사랑을 받는다. 그리고 아들은(다시금 아버지의 생명을 통해) 그 사랑을 아버지께로 돌린다.

아버지는 아들을 사랑하시고, 아들은 아버지를 사랑한다.

'생명을 주고, 사랑으로 되받기.' 이것이 창조 이전의 그리스도인의 삶이다. 우리는 지금 그리스도인의 삶에 대한 가장 심오한 비밀, 즉 생명을 주고, 사랑을 되받는 모습에 다다랐다.

그리스도인의 삶이 얼마나 단순했는지 보라!

첫째, 아버지께서는 자신의 생명을 아들에게 주셨다. 그리고 아들은 모든 일을 아버지의 사랑으로 행한다. 둘째, 아버지는 아들을 사랑하신다. 셋째, 아들은 아버지의 생명으로 아버지께 사랑을 돌려드린다. 이는 가장 처음 알려지고 경험되며 표현된 '그리스도인의 삶을 사는' 첫 번째 원리였다.

과거에도 그랬고, 현재도 그러하며, 앞으로도 그러할 것이다!

이러한 단순한 원리가 그리스도인의 삶을 사는 것과 관련된 그 어떤 것보다도 가장 중요하다. 누구에게 중요하다는 말인가? 당신을 포함한 모든 사람에게 중요하다!

이것이 단지 머릿속 지식이 아님에 주의하라. 자기 입장에서 진실을 따지는 이성적인 깨달음도 아니다. 이는 전면적이고, 실험적이며, 영적이고, 실질적인 경험이다!

이제 다른 부분을 살펴볼 것이다. 그러나 단순성의 특징은 여전히 지속된다. 아버지는 아들에게 말씀하신다. 아들은 아버지의 생명을 품은 채, 그 말을 듣고 응답한다. 아버지는 아들에게 말씀하시고, 아들은 아버지의 말씀을 듣고 응답한다.

'생명, 사랑, 말씀 읽기, 말씀 듣기' 얼마나 놀라운 단순성인가!

이제는 모든 것 가운데 가장 중심적인 요소로 넘어가 보자.

'바라봄'의 법칙

다른 것이 어떠하든, 아버지와 아들의 관계의 중심은 서로를 바라보는 것이다. 아버지는 아들과 얼굴을 마주하고 계신다. 아들은 아버지의 얼굴을 바라본다. 교제에서 가장 중요한 요소는 '바라보기'이다. 아버지께서 아들을 바라보시는 모습을 상상해 보라.

사랑하는 독자들이여, 인간의 생애에서 바라봄을 배우는 것보다 더 중요한 것은 없다는 사실을 기억하라. 또한 앞으로도 없을 것이다! 아버지를 바라보고, 아들을 바라보는 우리의 모습이 중요하다. 그런데 그것이 가능한가? 물론 가능하다! 당신 안에 있는 그분의 생명을 통해, 그리고 다른 영역의 세계 속에서 바라봄의 행동을 통해서 말이다! '다른' 영역의 세계란 무엇인가? 영의 세계를 뜻한다.*

생명, 사랑, 말씀 읽기, 말씀 듣기, 그리고 바라봄!
단순함 그 자체다!

생명을 주고받으며, 사랑하고 사랑받는 것, 말하고 듣는 것, 그리고 바라보는 것까지…. 이 모든 것은 아버지로부터 시작된다. 하나님의 아들에게 있어서 그리스도인으로 사는 생활의 동력은 아버지시다! 이것은 그리스도인의 삶에 있어서 변함없는 불변의 진리다.

당신은 이렇듯 단순한 원리들을 그리스도인의 삶의 구심점으로 받아들여야만 한다. 하나님의 아들이 그리스도인의 삶을 산다면, 이는 아버지께서 나눠 주신 생명을 통해서만 가능하다. 아들에게든 당신에게든 그리스도인의 삶을 가능하게 하는 다른 방법은 없다. 사랑하는 독자들이여, 그리스도인의 삶을 현실화시킬 수 있는 방법을 찾고자 했던 당신을 위한 지침이 바로 여기

---

* 당신이 아버지와 아들을 온전히 바라보는 실제적인 영적 장비를 갖출 수 있기를 기도한다. 아버지와 아들, 그들의 영적인 친교 안으로 들어가라!

에 있음을 기억하라.

그리스도인의 삶을 현실화시키는 방법이 얼마나 오래되었는지 보라! 그리스도인의 삶을 사는 것은 다른 세계, 다른 존재에 속한 것이며, 천상의 생활 형태인 하나님의 영역이다. 그리고 그리스도인의 삶은 오직 영적 세계에서만 현실화된다는 사실을 기억하라. 또한 그리스도인의 삶은 기도나 성경, 주일 성수, 금식, 십일조보다 훨씬 이전부터 있었음을 기억하라!

아버지와 아들의 관계에 대해 좀 더 자세히 살펴보자. 그 요소가 무엇인지 다시 확인하자. 아버지는 하늘의 생명을 나누어 주셨다. 아들은 그 생명을 통해 살아간다. 하나님이 말씀하신다. 아들은 응답한다. 아버지는 아들을 바라본다. 아들은 아버지를 바라본다. 여기에서 어떠한 원칙이 적용되고 있는지 발견했는가? 그것은 내적 교류의 원칙이다.

삼위일체 하나님 안에서는 교류가 진행되고 있다. 아버지로부터 영적 경험이 흘러나온다. 아들은 아버지께서 친히 받으신 경험을 받고, 다시 그 경험을 아버지께로 돌려드린다.

생명은 아버지로부터 흘러나오고, 아들에게 그 생명이 '발하게' 된다. 아들은 아버지께서 부어 주신 것을 받아 경험한다. 그리고 동일한 생명을 다시 아버지께로 돌려보낸다. 아버지는 아들을 사랑하신다. 아버지의 사랑으로 빛을 발하게 된 아들은 그 사랑을 경험하게 되고, 그 사랑의 빛을 다시 아버지께로 돌려드린다. 아버지는 아들을 바라본다. 아들은 아버지를 바라본다. 즉, 바라봄은 아버지께서 아들에게 발산하시는 빛이다. 아버지의 바라봄으로 빛을 받은 아들은 다시금 아버지께로 바라봄을 발산한다.

교류, 재교류, 빛의 발산, 재발산, 반사, 재반사.

이 모든 것을 하나로 축약시킨 말을 찾을 수 있을까? 그렇다. 당신은 지금 삼위일체 하나님의 친교를 보고 있다! 그리스도인의 친교의 교류는 하나님 안에서 이루어진다! 그 사실을 기억하라. 이는 그리스도인의 삶의 경험의 핵심이다.

우리는 가장 순전하고, 가장 오래되었으며, 가장 기

초적인 형태인 그리스도인의 삶을 찾아보았다! 모든 것이 단순하고, 기본적이며, 근본적인, 태초의 첫 삼위 하나님의 친교에서부터 시작된다. 본질적으로 그리스도인의 삶은 여기에서 더하지도 않고, 덜하지도 않는다.

신적 생명의 교류

그리스도인의 삶이 현실화되는 근원은 삼위일체 하나님 사이에서 일어나는 생명의 교류다.

물론 우리는 이런 거룩하고 높은 일은 생각도 하지 못할 인간에 불과하다. 이런 일을 할 만한 가능성은 전혀 없다!

하지만 혹 그럴 가능성이 있지는 않을까?

그렇다. 가능성이 있다! 이것이 바로 그리스도인의 삶이며, 이는 앞으로도 변함이 없을 것이다. 신적 요소의 교류가 삼위일체 하나님께 중요한 부분이라면, 그리고 이 실제가 태고적 표현으로 드러난 그리스도인의 삶이라면, 이는 오늘날의 그리스도인의 삶에서도 주요 요소가 된다. 따라서 믿는 자인 당신의 삶에 있어서 이 부분이 중심이 된다.

그렇다면 당연히 이는 모든 그리스도인들이 좇아야 할 기초가 되어야 할 것이다. 이것이 당연한 일이지만, 실제로는 그렇지 못하다!

사랑하는 독자들이여, 그리스도인의 삶의 비결에 주목하고, 또한 그리스도인의 삶의 실제적인 현실화를 영원 이전에 하나님의 아들이 가장 처음 드러내시고 경험하셨다는 사실을 염두에 두라.

그런데 어느 날 이상한 일이 발생했다. 하나님의 아들이 창조물 가운데 임하자, 이 태고의 모습이 하나님 안에서 역사하였다. 사상 처음으로, 그리스도인의 삶이 하나님 안에서나 영원에서뿐 아니라, 우리가 사는 지구상에서 현실화되고 경험할 수 있게 되었는데, 이것은 그리스도인의 삶이 지구상에 전달되려고 하는 순간을 말하는 것이다. 어느 날 그리스도인의 삶이 눈에 보이는 피조 세계로 임했다. 그 장소는 어디인가? 바로 갈릴리라는 지역의 나사렛이란 동네였다.

아버지와 영원의 친교를 나누시던 하나님의 아들이 이 땅에 오셨다!

그토록 간단하던 '그리스도인의 삶을 사는 법'이 지구 위에 왔다고 변하겠는가? 그리스도인의 삶이라는 근본적이고도 급진적인 사건이 지구 위에 임했다고 설마 변질되겠는가? 지금까지는 그리스도인의 삶이 영적 차원의 세계에서만 현실화되었다. 그렇다고 눈에 보이는 피조 세계에서는 그리스도인의 삶을 사는 방법이 달라지겠는가? 그리스도인의 삶이 하늘에서 땅으로 내려왔다고 그 법칙이 바뀌겠는가? 그리스도인의 삶은 영적 세계에서만 현실화된다고 했다. 그것이 사실이라면, 그리스도인의 삶이 어떻게 물질세계인 지구로 오게 되었는가?

그 이유는 나중에 천천히 살펴보도록 하겠다. 다만 앞으로는 아버지와 아들이 어떤 식으로 그리스도인의 삶을 사셨는가에 대해 모른다는 말을 하지 않도록 하자.

The Secret to the Christian Life
chapter 7

그리스도인의 삶은 변질되었는가

과연 다음과 같은 일이 정말 있었을까?

"아들아, 우리는 영원의 세계인 빛의 영역에서 완전한 친교를 누리며 살았다. 하지만 이제 너는 지구로 가게 된다. 지구는 타락했고, 그 땅의 거민들은 죄인들이다. 그리스도인의 삶은 오직 순전하고 완전한 영적 세계에서만 현실화될 수 있다. 지구상에서는 더 이상 나의 삶을 살 수 없단다. 타락한 세계로 들어가는 문을 통과하는 순간, 모든 것이 바뀔 것이다! 그곳에서는 더 이상 삼위일체의 친교를 누리지 못하겠지만 거기서 살

방도를 찾아야 한다. 여기에서 알았던 것처럼 숭고한 방법은 아닐 것이다. 오히려 땅에서 사는 방법은 수준 낮은 그리스도인의 삶의 방법이다! 이제부터 너는 매일 성경을 공부해야 하고, 매일 기도하며, 전도하고, 금식하며, 십일조를 하고, 교회에 출석해야 한다. 이것이 지구상에서 그리스도인의 삶을 살 방법이란다."

이런 대화를 하는 장면이 실제로 일어났다고 생각하는가? 하나님이 그렇게 말씀하실 리는 없다! 주 예수님이 이 땅에 오셨을 때, 그분은 기도하고 금식하셨으며, 아버지를 영화롭게 하셨다(즉 아버지를 증거했다). 하지만 이런 일들은 내적 경험이 흘러나와 표출된 외적 표현이었다.*

하지만 다음의 질문에 당장 답을 내려야 한다. "예수 그리스도는 이 땅에 오시면서 그리스도인의 삶의 방법을 바꾸셨는가?" 영적 세계에서 물질세계로 내려오면서 그 기본적인 원리에 어떠한 변화가 있었는가, 아

---

* 예수님이 방언을 하셨을까? 성경에는 예수님이 방언을 하신 사건에 대한 언급 자체가 없기 때문에 그렇지 않다고 본다.

니면 변함없이 그대로인가?

그리스도인의 삶을 사는 방식에 변화가 있었다면, 영원의 세계에서 사는 법과 이 땅에서 사는 법, 이렇게 두 가지로 나뉘었을 것이다. 그러나 변화가 없이 동일한 경우라면, 이에 관한 책만 수백만 권이고, 설교도 수억만 편에 달했을 것이다. 마음에 들지 않는 사람에게도 풍성하게 나눠 줄 수 있게 말이다.

영적 세계에서 현실화되는 그리스도인의 삶

그리스도인이었던 예수를 좀 더 자세히 살펴보자. 그의 유년시절로 돌아가서, 그리스도인의 삶을 사는 우리의 외적 행위와 반대되는 그의 내적 경험에 관해 배울 만한 것이 무엇인지 알아보자.

나사렛에서 성장한 예수 그리스도는 신체적으로 자라나셨다. 또한 영적으로도 성장해 나가셨다. 그의 안에는 영이 있었다. 앞에서 살펴보았듯이 그의 영은 다른 세계에 속해 있었다. 더욱 중요한 사실은, 다른 세계 안에 사시는 아버지 하나님이 주님의 영 안에도 거하고 계셨다는 점이다.

주 예수 그리스도는 내면에 영적 지각을 갖고 성장하셨다. 주님은 내주하시는 주, 아버지를 느끼기 시작한 것이다! 하나님 아버지는 예수의 영 안에 거하고 계셨다. 이에 더하여, 예수님은 또한 아버지의 사랑도 느끼셨다. 내면으로부터 차츰 아버지께서 자신에게 말씀하시는 바를 영으로 들었을 것이다. 그리고 어느 날 그는 영적으로 아버지를 바라볼 수 있을 정도로 자라나게 되었다. 그리고 영광스럽게도 삼위일체의 친교가 이 땅 위, 예수 그리스도의 영 안에서 시작된 것이다!

그리스도인의 삶은 영적 세계에서만 현실화된다. 그런데 그 영적 세계가 예수 그리스도라는 이름을 가진 인간 안에 존재한 것이다. 천상의 모든 풍부함이 그 사람 안에 임했다. 그는 이 땅 위에 거하셨으나 그리스도인의 삶의 공급은 영 안에서 비롯되었다. 그의 영 안에 다른 세계가 존재함과 동시에, 그의 영이 또한 다른 세계, 즉 영적 세계에 존재한다는 사실을 우리가 이해하기는 불가능하다.

또 다른 급진적인 사건(최소한 우리의 관점에서는)이 그에게 일어났다. 바로 자신의 과거를 기억하기 시작한 것이다. 단순히 모세와 아브라함과 선지자들을 만났던 지구상에서의 과거 사건뿐 아니라, 삼위일체 안에 거하셨던 과거까지 기억하기 시작하신 것이다!*

어떻게 이런 일이 일어났을까? 예수님은 타락한 인간과 달리, 그 안에 살아 있는 영이 계셔서 제대로 기능하고 있었다. 그의 영은 다른 세계에 속해 있었고, 그의 영 안에는 아버지께서 거하셨다. 사실, 아버지가 그의 영과 함께 계신 것이다. 아버지는 영이시므로, 영적 영역 속에 거하신다. 여기에서 아버지가 거하셨던 영적 영역은 예수님의 영이다.

과연 예수라는 이름의 나사렛 목수가 영원 이전에 누렸던 친교의 기억과 방법을 모두 포기했을 것이라고

---

* "아버지, 아버지께서는 창세전부터 나를 사랑하셨습니다"(요 17장 참조). 예수님이 영원한 세계를 기억하기 시작한 것이다. 그렇게 해서, 창세전 아버지와 오랫동안 함께했던 깊고 풍성한 영원한 친교를 기억해 냈다.

생각하는가? 물론 아니다. 영원의 시기에 누렸던 경험을 다시금 붙드셨다. 주님은 영원 속에서 한 가지 습관을 얻으셨다. 그 습관은 주께서 아주 오랜 시간 동안 몸에 익혔던 것이다! 영원의 길이(그 길이가 어느 정도든)만큼 오랜 시간이었다! 어떤 습관인가? 그것은 바로 그리스도인의 삶을 사는 방법이다!

그가 아버지 안에서 경험했던 그리스도인의 삶을 사는 '방법'을 포기했겠는가? 십일조나 금식, 회당 참석과 같은 형식적인 것들 때문에 그 '방법'을 버리셨겠는가? 이에 대해 주님이 직접 대답하셨다. 그가 어떻게 그리스도인의 삶을 사셨는지 그 목소리를 직접 들어 보라.

내가 이르는 것은 내 아버지께서 내게 말씀하신 그대로니라 요 12:50

아들이 아버지께서 하시는 일을 보지 않고는…아버지를 보았느니라 요 5:19, 6:46

아버지께서 가르치신 대로… 요 8:28

아버지께서 나를 사랑하신 것같이…아버지께서 친히 너희를 사랑하심이라 요 15:9, 16:27

아버지께로 가노라 요 16:28

나 있는 곳에(where I am going, 현재진행형임) 오지도 못하리라 요 7:34, 36

하늘에서 내려온 자 곧 인자 요 3:13

예수 그리스도는 영원 가운데서 그리스도인의 삶을 사는 방법을 가져오셨고, 이를 변질되지 않은 채로 이 땅 위에 세우셨다. 그 '방법'은 영원 이전에도 그러했듯이 나사렛에 머무신 예수님의 영 안에서도 그대로 역사했다. 하나님의 중심에서 그러했듯이 목수의 가게 안에서도 역사했다!

영원의 영역 속에 거하시고 성육신한 아들의 살아있는 영 안에서도 거하셨던 아버지께서 삼위일체의 친교가 여기 지구 위에서도 지속될 수 있게 하셨다!

지리적인 측면에서 삼위일체의 친교를 보도록 하자. 위치적으로 볼 때, 삼위일체의 친교는 영원 속에서 일어났다. 그곳에서 하나님의 아들은 그리스도인의 삶을 사셨다. 위치적으로 그분은 아버지 안, 영의 영역 가운데 계셨다. 이 땅 위에 계시는 동안에는 어디에서 그리스도인의 삶을 사셨을까? 동일한 곳이었다! 예수 그리스도는 그 안에 살아서 역동하는 영을 지니셨다. 그의 영은 그분 안에 속해 있지만, 또한 영적 세계에 속해 있기도 했다. 아버지께서는 예수 그리스도 안에 거하셨다.

그곳은 어디인가? 위치적 측면에서 말하자면, 아버지께서는 예수님의 영 안에 거하셨다. 예수 그리스도는 아버지의 생명을 통해, 영의 내부에서 비롯된 그리스도인의 삶을 사셨다. 예수 그리스도는 영 안에서 행하셨고, 영 안에서 생활하셨으며, 영 안에서 친교를 누렸다. 예수님이 세상을 향해 그리스도인의 삶을 드러내었던 장소도 여기에서 비롯되었다.

위치적으로 볼 때, 주님의 영은 다른 세계에 속했

다. 창조 이전에도 그러했고, 그가 나사렛에 거하시던 때에도 여전히 그러했다.

그리스도인의 삶은 다른 세계에 근원을 두고 있으므로, 다른 세계에서만 현실화된다. 위치적인 면으로 따지자면, 예수 그리스도는 그의 영 안으로 뛰어드셨다. 예수 그리스도는 그곳에서 아버지와 거하셨고, 아버지의 생명을 통해 그리스도인의 삶을 사셨다! 그분의 육신과 혼은 그분의 영 안에 위치한 신적인 생활의 근원과 힘을 세상에 보여 주었다. 위치적으로, 그분의 몸과 혼은 이 땅 위에 있으며, 영은 하늘에서 아버지와 함께 하셨다. 그곳이 바로 그리스도인의 삶을 사는 곳이다.

예수님이 그리스도인의 삶을 살았던 방법은 다음과 같다. 첫째, 자신의 영 가운데 있는 아버지의 생명으로 나아가는 것이다. 둘째, 그 생명으로 이끌리는 것이다. 셋째, 그 생명이 자신의 혼과 몸을 통해 이 세상 가운데 드러나게 하는 것이었다. 기본적인 동력은 변화되지 않았다. 그리스도인의 삶을 사는 방법은 변질되지 않았다. 그리스도인의 삶을 사는 동력은 여전히 그리스도 안, 아버지의 생명 가운데 있다. 그 장소 역시 바뀌지 않았다. 그 장소란 '영의 내부'를 말한다. 물론 외부적인 양상은 변했을지라도 그리스도인의 삶의 현실화는 영적 세계가 아닌 지구상에서 일어났다.

그것이 그리스도인의 삶을 사는 예수님의 방법이라면, 당신은 과연 어떤 방법을 취할 수 있겠는가? 기본적인 내용은 여전히 동일한가, 아니면 그리스도인의 삶이 우리 가운데 내려온 순간 경기 규칙이 완전히 달라진 것인가? 당신 안에는 살아 있는 영이 있는가? 그 영은 다른 세계에 속해 있는가? 하늘의 생명이 당신의 영 안에 거하고 있는가? 예수 그리스도는 당신의 영 안에 내주하고 계신가?

주님이 경험하신 일을 좀 더 자세히 살펴보도록 하자. 지금까지는 창세 이전의 영원 속에 계신 삼위일체의 세 그리스도인에 대해서만 살펴보았다! 기원전 4년 무렵에, 삼위일체의 한 위가 보이지 않는 세계를 떠나, 그리스도인의 삶의 현실화를 보여 주셨다. 이 땅 위의 사람들인 우리가 직접 볼 수 있게 말이다. 삼위일체의 친교가 '제2막'에 접어든 것이다. 제1막에서 제2막으로 넘어가는 사이에는 막이 한 번 닫혔을 뿐 아무런 변화가 없었다!

그리고 기원 후 26년경, 갈릴리라는 지역에서 열두 명의 남자들이 그리스도인의 삶이 무엇인지 깨닫기 시작했다. 그러나 그들은 타락한 인간이었다. 하나님의 위치에 이를 수 없는 것은 당연하다. 그런 일은 결코 없을 것이다. 하지만 그들은 '두 번째' 그리스도인과 함께 살고 있다. '첫 번째' 그리스도인과 '세 번째' 그리스도인(성령)이 '두 번째' 그리스도인 안에 역사하고 계신다. 허용되기만 한다면, 그 열두 명 역시 그리스도인이 되고자 열망하리라고 덧붙이고 싶은 사람도 있을 것이다. 과연 그것이 가능할까? 그렇지 않다면, 그리스도인의 삶이 열두 명에게 임할 때에 중요한 변화가 일어날 것인가? 그 원리가 바뀌거나, 아니면 동일한 방법 그대로 남게 될 것인가?

The Secret to the Christian Life
chapter 8

예수 그리스도의 궁극적인 삶의 비결

처음에는 열두 명의 남자들이 그분의 기적에 끌렸고, 엄청난 기적이 실제로 많이 일어났었다. 바로 여기에서 사람들은 기사와 표적과 하나님의 능력에만 눈을 맞추고 멈춰 서게 된다! 당신도 그러한가? 차츰 그 열두 명의 남자들은 그분의 가르침이 충격적이라는 이유로 그분께 이끌리게 되었다. 많은 이들이 주님의 가르침을 배우는 데서 그냥 멈춘다. 당신도 가르침을 배우는 데만 역점을 두고 있는가?

사랑하는 독자들이여, 주님의 능력과 가르침에만 폭 빠져 있다면, 그분과 친밀한 교제를 나누지 못할 뿐더러 그분의 목적을 분명하게 깨닫지도 못한다는 사실을 기억하라!

그렇지만 예수님의 제자들은 차츰 초점을 잡아가기 시작했다. 주님이 누구이신지 알기 시작했다. 그리고 그분 안에 누군가 계시다는 사실을 알게 되었다! 예수님의 내적인 면모, '내면'을 목격하기 시작했다. 또한 그들은 그분 안에 길이 존재한다는 사실도 발견하기 시작했다.

마침내 그 열두 명은 예수님이 얼마나 다른 존재이신지 깨닫게 되었다. 그분은 생물학적으로도 달랐지만 자신들이 가지고 있지 못한 본질적인 면을 가지고 계셨다.*

기적에 대한 설명과 제자들에게 베푸신 가르침, 원

---

* 예수님의 성품에 대해 오랜 시간 논의한 결과 '생물학적'이라는 용어를 사용하게 되었다. 이것은 《하나님의 생명 체험하기》(The highest Life)를 참고하라. 열두 명의 제자 중 한 사람인 요한은 예수님 안에 존귀한 생명의 모습이 있다고 말하곤 했다. 존귀한 생명이라고 하는 것은 영원한 생명이라고도 불린다. 요한은, 열두 명의 제자가 따랐던 예수님이 영원한 생명을 그들에게 주기 위해 오셨다고 덧붙여 말했다. 예수님은 사람들이 예수님을 닮도록 하기 위해 인간의 모습으로 이 땅에 오셨다.

수들에게 하신 대답 등 모든 것이 그분의 생물학적인 구성에 대한 설명을 담고 있다. 참으로 놀라운 존재에 대한 설명이 그분 안에 있었다. 그분을 따르는 사람들은 새로운 차원에 계신 그분을 보기 시작했다. 자신들과는 달리 예수님 안에는 하나님이 거하셨다! 그분의 '비결'은 그분 안에 있었다.

빛이 드러나자, 능력과 가르침 등 외적인 것은 모두 사라졌다. 그들은 아버지만이 하실 수 있는 일이 예수님 안에서 일어나고 있음을 보기 시작했다. 시간이 흐르자, 그들은 자신들의 주목을 끌었던 것이 바로 주님 안에서 역사하셨던 분이었음을 깨달았다!

예수 그리스도는 그들을 아버지께로 이끄셨고, 자신의 부르심과 사명을 성취하셨다. 즉, 백성들 가운데서 아버지를 영화롭게 하신 것이다!

열두 명의 제자가 본 예수 그리스도

예수님이 어떻게 그리스도인의 삶을 사셨는가를 제

대로 인식했던 사람은 다름 아닌 요한이었던 것 같다. 그는 아버지와 아들의 관계에 매우 관심이 높았다. 예수 그리스도 안에 있는 그 친밀한 교제에 요한은 그의 마음을 빼앗겼다. 그는 예수 그리스도께서 자신의 전 생애를 통해 아버지를 '드러내려고' 애썼다는 사실을 이해하게 되었다. 요한은 그 놀라운 사실에 매료되어 책 전체를 그에 관하여 기술하였다!

요한이 예수님을 통해 본 것은 무엇이었는가? 열두 명의 사람들 모두가 본 것은 무엇이었는가?

> 아버지께서 내 안에 거하시고, 나도 그 안에 거한다.
>
> 나는 하늘로부터 온 것을 안다.
>
> 나는 내 아버지의 말씀을 듣는다.
>
> 내 아버지께서 선택하신 자들이 누구인지 안다.
>
> 다른 세계가 열리는 것을 보았다.
>
> 내 아버지께서 나와 함께하시니, 나는 혼자가 아니다.

내 아버지께서 늘 나에 대해 증거하신다.

내 아버지께서 나를 다른 세계에서 이곳으로 보내셨다.

내 아버지는 내 안에 계셔서 그분의 일을 행하신다.

나는 아버지를 안다.

나는 아버지와 함께 거한다.

나는 하나님을 본다.

나는 아버지 옆에 거한다.

내게는 하나님으로 말미암은 생명이 있다.

아버지가 아니고서는 내가 아무 일도 할 수 없다.

아버지에게 나온 것이 아들에게로 비추고,
아들을 알게 한다.

나와 아버지는 하나이므로,
나를 보는 것은 아버지를 보는 것이다!

    위의 요소들이 같이 작용하여, 열두 명의 제자들이 주님께 이끌리게 되었다. 이것이야말로 그리스도 안에 있는 최대의 흡인력이 아니었겠는가? 우리가 구도자로서, 주님을 찾는 것을 멈추지 않는다면, 종말론, 교리, 능력, 전도, 섬김, 기적 등의 모든 것을 극복하고 결국 여기까지 오게 된다. 그렇지만 주님의 외적인 것에만 마음을 둔다면, 문제는 달라진다.

예수님이 아버지와의 관계에 대해 하신 말씀을 취하고 이 모든 것을 받아들인다면, 당신은 삼위일체 안에서 친밀한 교제를 나누는 주님을 보기 시작할 것이다. 그리고 주님은 갈릴리에서 매일 그의 내면 안에서 체험한 것이 무엇이었는지 직접 눈으로 보듯 구체적으로 이해하게 하신다. 제자들이 이해하기 시작했던 바가 바로 이것이다. 그들은 자신들이 매일 삼위일체의 놀라운 친교의 현장 앞에 서 있다는 사실을 자각했다. 모든 독자들이 그들처럼 깨달음을 얻게 되기를 바란다.

예수 그리스도는 그 당시나 과거에도 그리스도인이었고, 영원 전에도 그리스도인의 삶을 사셨다. 바로 그분이 우리 세계로 오셨다. 다른 세계에서 오신 이 방문객은 지구상에서 내주하시는 아버지와 함께 거하는 유일한 사람이었고, 아버지와 친교를 나누는 유일한 사람이기도 했다. 지구상의 모든 거민들 가운데 삼위일체의 친교를 이해한 사람은 오직 한 분뿐이었다. 그리스도인의 원천이 무엇인지 그 비결을 소유하신 유일한 분이기도 했다.

그분이 이 비밀을 나누셨을까? 친교의 영역을 확장시키려는 과감한 시도를 하셨을까? 열두 명의 제자들도 이에 동참하게 하셨을까? 그때까지만 해도 그 친교는 성부, 성자, 성령의 삼위 안에서만 이루어졌다. 다른 사람들에게도 이 놀라운 경험을 나눠 주셨을까? 평범한 인간들이 하나님만 알고 계시는 영역에 다가가도록 허락을 하셨을까? 제3자가 낄 자리가 있었을까?

제자들에게 직접 물어보도록 하자.

chapter 9

구도자들이 찾는 내적 동행

과연 다음과 같은 일이 정말로 일어났을까? 실제로 있었던 일이 아니라고 해도, 대다수의 사람들이 다음과 같은 일이 있었다고 생각한다.

주 예수님이 시몬 베드로를 옆에 불러 놓고 개인적인 이야기를 나누신다. "시몬 베드로야, 나는 이제 다른 세계로 돌아가야 할 때가 되었구나. 떠나기 전에 우리가 해야 할 일이 있단다."

"내가 여기 오기 전, 아버지와 함께 거했을 당시에는 아버지와 내가 특별한 관계를 누렸다. 그런 이후에 나는 이 땅에 왔지. 바뀐 것은 아무것도 없어. 아버지와 나는 영원 전에 누렸던 것과 동일한 관계를 유지시켜 나갈 뿐이야. 아버지는 자기 생명의 근원을 내게 지속적으로 공급하시고, 나는 그분의 생명으로 살아간다. 여기 이 땅에 있는 동안, 그분은 내 안에 거하셨어. 우리는 그분의 임재를 통해 매일 함께 친교를 나눴다.

베드로야, 이런 일은 모두 나에게만 있는 것이라는 걸 너도 알겠지. 그리스도인의 삶을 사는 나만의 법칙이란다. 그래서 시몬 베드로야, 분명히 말해 둘 게 있다! 이 모든 일이 나에게만 일어난 일일 뿐이지 너한테 일어나는 것은 아니야! 너는 타락한 인간이잖니.

베드로야, 너는 나와는 다른 방법으로 그리스도인의 삶을 살아야만 한다. 무슨 말인지 알아들었지? 너희는 내 아버지의 삶을 힘입어 살 수 없어. 내주하시는 주도 너희 안에는 없고 말이다. 아버지와 내가 나누는 친교에 조금이라도 낄 수 있을까 하는 생각은 추호라도 하지 않았으면 좋겠어."

"그렇다면, 베드로 너를 위한 그리스도인의 삶의

비결은 무엇인지 궁금하겠지? 글쎄다…. 가장 중요한 첫 번째 방법은 선한 삶을 살아야 한다는 것이다. 자신의 행동과 옷 입는 모습을 살펴보고, 착하고 바르게 행동해야 한다. 그 다음으로는 죄를 짓지 말아야 한다. 내가 이 땅에 온 핵심적인 이유가 바로 사람들이 더 이상 죄를 짓지 않도록 하기 위함이라는 것을 알 것이다! 그러니 죄를 짓지 말아라. 유혹이 오거든, 고개를 떨어뜨리고 죄를 짓지 말자고 다짐해라. 그런 다음엔 반드시 기도하거라.

열심히, 오래, 매일 기도해야 하고, 이불이나 방석을 깔지 않은 딱딱한 바닥에서 무릎을 꿇고 기도해야 하느니라. 그게 최고의 기도법이다. 너를 위한 그리스도인의 삶은 '노력과 고난과 근성'이라고 할 수 있다. 성경을 읽어라. 시간을 많이 투자하여 읽어라. 그리고 성경 공부도 많이 하고 요절 암송도 많이 해야 한다."

"저, 주님, 죄송하지만 힘들겠는데요. 글을 못 읽거든요. 요절이란 게 대체 뭔가요?"

"걱정하지 말아라. 글 읽는 법을 배우면 된다. 이 세상의 모든 사람이 글을 읽을 줄 아는 게 아니라는 사실을 나도 안다. 그러니 너는 글을 배우고, 글을 알지 못하는 다른 사람들을 도와주어서 그들이 읽을 수 있게 해라. 그러면 모든 사람이 성경을 읽을 수 있게 될 것이다."

"정말 바빠지겠네요. 주님!"

"참, 금식도 해야 한단다! 십일조를 하는 것도 잊지 말아라. 무엇보다 열심히 교회에 다녀야 한다."

"그런데, 주님, 교회가 뭔가요?"

"잘 모르면 찾아보아라. 그리고 새로 시작하여라. 사람들에게 주일 아침 11시에 교회에 모이도록 당부해야 한다. 그러면서 '모임을 중요하게 생각하고 하찮게 여기지 말라'고 경고하는 것도 잊지 말아라."

과연 예수님이 베드로에게 이렇게 말씀하셨을까? 정말 그렇다면, 우리는 모두 2등급짜리 그리스도인의 삶을 강요받은 셈이다. '그리스도인으로 사는 방법!' 그 방법의 모든 요소에는 좋은 점도 있지만, 그리스도인의 삶의 비결에 관한 기초적인 내용은 전혀 담지 못하고 있다. 그리고 그것은 앞으로도 그럴 것이다.

주님과의 교제와 외적 행위

위에서 열거한 방법이 정말로 예수님이 우리에게 남겨 주신 '생존의 무기'라고 해보자. '노력과 고난과 근성' 이것이 무슨 의미인지 아는가? 그리스도인의 삶을 사는 방법에는 두 가지가 있다는 뜻이다! 한 가지는 주님이 사신 그리스도인의 삶의 방식이고, 다른 하나는 우리의 방식이다.

1등급짜리 그리스도인의 삶에는 특별히 삼위일체를 위해 남겨 둔 고유의 영역이 있다. 그리고 우리 같은 평민들을 위한 2등급짜리 그리스도인의 삶에는 엄청난 인간의 노력과 외부적인 행위가 요구된다. 단지 이것뿐이다! 외부적인 행위는 점차 가장 중요한 사항이 된다. 결국 행위가 모든 것이 되고 만다. 외적인 행위로 하나님을 기쁘시게 하거나 노력을 하는 것이다! 여기에서 내적인 것은 아무런 의미가 없다.

아니면 그와 반대인가? 하나님 아버지와 아들은 우리에게 가르쳐 주신 방법대로 그리스도인의 삶을 사시는가? 예수 그리스도와 하나님 아버지는 금식과 성경 공부와 십일조와 기도와 매 주일 오전 11시에 교회를 다니면서 그리스도인의 삶을 사시는 것일까? 나는 결코 그렇게 생각하지 않는다!

여기에는 뭔가 잘못된 부분이 있다!

주님께는 깊이 있고 영구적인 내적 동행이 있었다. 하지만 우리의 방법은 무엇인가? '매일 기도하고 성경을 읽으라. 그렇지 않으면 실패한다' 는 식의 진부한 말 속에 그대로 담겨 있지 않은가? 기도를 못하는 성도도 안 됐지만 글을 못 읽는 성도는 더욱 불쌍한 존재가 되는 것이다!

당신 스스로 선택하라. 어디에 중점을 둘 것인지 결정하라. 내주하시는 주님인지, 외적 행위인지 말이다. 그리고 그분과의 교제인지, 선한 일로 그분을 기쁘시게 하려고 노력하는 일인지 말이다. 그 외에 다른 선택 사항은 없다! 개인적으로, 나는 두 가지 방법을 모두 시도해 보았으나 이 둘은 비교조차 되지 않는다. 나중에 살펴보겠지만, 다행히도 당신은 경험적인 실험에 근거해서 결정을 내릴 수 있다. 어느 쪽이 올바른 것 같은가? 예수 그리스도의 자취가 남겨져 있는 곳은 어느 쪽일 것 같은가?

예수님의 친근한 제자들은 내주하시는 주와 교제를 누리는 편을 택했다. 그들에게는 선택 사항이 없었다. 다른 방법에 대해서는 아는 바가 없었기 때문이다. 놀랄 일이 아니다. "기도하고 성경을 읽으라"는 비결이 아직 만들어지지 않았던 때였다.

열두 제자의 선택으로 어떠한 결과가 일어났는지 살펴보자.

chapter 10

그리스도인의 삶을
재발산하다

예수님의 가장 가까운 제자들은 모두 그리스도께서 아버지의 생명으로 사는 모습을 지켜보았다. 성부 하나님의 생명으로 살아오신 주님의 말씀대로, 그들은 이 땅에서도 그리스도인의 삶을 사시는 것을 목격했다.

예수님이 죽으시고 다시 살아나신 이후, 성령께서 그들 안에 오셔서 내주하셨다. 성령은 그들 안에서 말씀하셨고 사랑하셨으며, 예수님이 하신 말씀을 기억나게 하셨고, 그분의 생활 방식을 깨우쳐 주셨다. 제자들은 예수님이 보여 주신 모습 그대로 그리스도인의 삶을 살기 시작하였다! 이는 그들이 외부적인 삶의 요소가 아닌 내주하시는 주님과의 교제로 살아가기로 선택한 결과였다. 당신은 무엇을 선택할 것인가?

이 놀라운 사실을 마음속에 영원히 간직하라. 여기에 그리스도인의 삶을 살 수 있는 비결의 싹이 모두 담겨져 있다. 아버지께서 예수 그리스도께 그러하셨듯이, 예수님도 제자들에게 내주하시는 주가 되셨다는 사실 말이다.

제자들의 거룩한 삶

아버지께서는 예수 그리스도 안에 거하시며, 삶의 근원이자 '매일의 삶'이 되셨다. 부활하신 이후에는, 예수님이 제자들의 삶의 근원이자 '매일의 삶'이 되셨다.

이 놀라운 친교에 동참하는 사람들은 더욱 늘어만 갔다. 여러 사람들이 여기에 합류하게 되었다! 이제는 예수 그리스도와 아버지 사이에서만 발산과 재발산, 반사와 재반사가 일어나지 않게 되었다. 열두 제자들과도 주고받는 관계가 된 것이다!

이렇게 함으로써 그들이 받은 것은 무엇이었을까? 그리고 무엇을 돌려드렸을까? '거룩한 삶, 사랑, 경청, 말함, 바라봄' 등 교제의 상호 교환과 내적 교류였다.

그렇다고 그 놀라운 경험이 당신과 나에게까지 확산되리라고 생각하지는 말라! 모든 일은 거기까지였다.

아니면 정말 우리에게도 가능한 일일까?

예수님이 정말로 말씀하시고자 했던 바를 기록한 제자들의 증언에 귀 기울여 보라. 예수님이 아버지와 성령과 맺으셨던 교제를 어떤 식으로 묘사하셨는지 주의해 보라. 또한 평범한 인간들과도 동일한 교제를 나누고 계심에 주의하라. 발산과 재발산의 모습이다!

> 성령께서 너희와 함께 계시고, 너희 안에 계실 것이다(성령이 내 안에 계신다).

> 나는 너희를 떠나지 않을 것이며, 너희에게로 다시 올 것이다(아버지께서 나를 떠나지 않으셨다).

세상은 더 이상 나를 보지 못하겠지만,
너희는 나를 보리라.

나는 내 아버지 안에 거하고,
내 아버지는 내 안에 거하신다.

너희는 내 안에 거하고,
나는 너희 안에 거한다.
(1, 2, 3단계)

너희는 나에게서 자라나는 가지다.
나는 너희 안에 거한다.
나는 아버지에게서 왔다.
"아버지, 내게 있는 모든 것과 나 자신은
모두 아버지께 속했습니다."

"아버지, 우리는 하나입니다.
우리가 하나이듯이 그들도 하나가 되게 하소서."
(재발산)

"내가 이 땅에 속하지 않았듯이,
그들은 이 땅에 속한 자들이 아닙니다."

"그들과 그들 이후에 올 자들,
즉 그들이 하는 말을 믿을 자들을 위해 간구합니다."

"아버지여, 당신은 내 안에 계십니다.
나는 당신 안에 있습니다. 우리는 하나입니다.
내게 주신 자들도
하나가 되어
우리 안에 거할 수 있도록,
하나 됨을 더하소서."
(함께 나누는 1, 2, 3단계)

"아버지께서 내게 영광을 주셨습니다.
그와 같이 나도 그들에게 영광을 주었습니다!"

"아버지는 내 안에 계십니다.
나는 그들 안에 있습니다."
(아버지는 아들에게, 아들은 제자들에게 경험을 나눠 준다.)

"아버지여, 나를 사랑하신 것과 같이
그들을 사랑하여 주옵소서."

"나는 당신의 영광을 보았습니다.

그리고 당신은 내게 영광을 주셨습니다.
이제 나는 아버지께로 돌아갑니다.
아버지께서 내게 주신 그들도….
나 있는 곳에 있게 하시고,
나의 영광을 보게 하소서.
창세전부터 주어진
나의 영광을 목도하게 하소서."

"아버지가 나를 사랑하신 사랑이 내 안에 있습니다."

"이제 그 사랑이 그들 안에 있게 하소서….
내가 그들 안에 거하듯이,
당신의 사랑이 그들 안에 거하게 하소서!"
(이제 인간들도 교제에 합류하게 되었으므로,
하나님은 3단계에서 어떠한 제한도 두지 않으신다.)

당신이 방금 읽은 글은 예수님의 마음에 있던 중요한 핵심 사항을 제자들이 기록한 내용이다. 이제 제자들의 마음속에 있던 핵심 내용이 무엇인지 귀 기울여 보라.

그분은 태초에 그곳에 계셨다.
하지만 나는 그분을 들었고,
보기까지 했다.
그리고 바라보던 그분을
내 손으로 직접 만졌다! 생명의 근원을 만졌다!

영생이신 그분,
이제 나는 그분을 너희에게 전한다.
그분은 영원 전부터 아버지와 함께 계셨다.
그리고 우리와 함께하셨다.
이제 나는 그분을 너희에게 선포한다.
이유가 무엇인가? 그분과 교제를 나눈 우리들과 너희도
교제를 나눌 수 있도록 하기 위해서다.

그렇다면, 오늘날 우리와 교제를 나누는 그분은
누구인가?
그는 하늘에서 내려오셨고, 아버지께로 돌아가셨지만,
여전히 이곳에 계신다.
나는 비록 이 땅에 머물지만,
아버지와 아들과
매일 교제를 나누고 있다.

너희의 기쁨을 채우라.
우리와 함께 교제를 나누자.

나는 그분 안에 거한다.
내 발걸음도 그분 안에 있다.
그가 아버지와 동행하셨듯이,
나도 그분과 동행한다.

우리가 너희에게 알려 준 그분을
너희 안에 머물게 하라.
그러면 너희는 아들 안에 머물게 되고,
아버지 안에 머물게 된다.

기름 부으심이 너희 안에 임하여 진리를 알게 될 것이다.

그가 너희에게 주신 성령을 통해,
그분이 너희 안에 거하신 줄 알리라.

너희 안에 계신 분은
이 세상 누구보다도 크시다.

하나님이 세상에 독생자를 보내셔서,
너희로 그 안에 살게 하셨다.
우리는 진리이신 그분 안에 있다.
너희 안에 계신 진리는 영원하시다.
너희는 산 소망으로 하늘에서 태어난 자들이다.
썩지 않는 씨앗으로 하늘에서 태어난 자들이다.
너희 안에 있는 그 씨앗은
하나님의 말씀 안에 거하시고 살아 계시는 그분이다.

너희 마음에 그리스도를 모시라.
그분이 주님이 되시게 하라.

너희 안에 있는 소망의 소식을 다른 이에게 전하라.

그분의 능력이 너희에게
경건한 삶을 살 힘을 주셨다.

너희는 거룩한 성품에
참예하는 자가 되었다.

주님이 하신 말씀과 제자들이 한 말을 자세히 살펴

보면서, 21세기를 살아가는 당신과 내가 반드시 스스로에게 던져야 할 질문이 있다. 그리스도인의 삶을 사는 고차원적인 방법이 열두 명의 제자들을 기점으로 마감된 것일까?

아버지께서 예수 그리스도께 그러했듯이,
예수 그리스도께서도 우리에게
내주하시는 주가 되셨다!

chapter 11

삼위일체의 친교를 찾아서

 당신은 다음과 같은 일이 벌어졌으리라고 상상할 수 있는가?

 베드로가 이렇게 말하는 모습 말이다.

 "이제 들으시오. 삼천 명의 군중들이여! 딱 한 번만 얘기하겠소. 세상에는 두 종류의 그리스도인이 있소. 예수님이 사셨던 방법으로 그리스도인의 삶을 사는 우리 같은 사람들, 그리고 여러분과 같은 사람들이오! 우리 사도들은 첫 번째 방법을 경험했지만, 여러분은 아니오. 그러니 여러분은 2등급짜리 그리스도인들이오! 여러분은 주님이 누리셨던 방법을 가지고 있지 않지만,

우리는 다르오. 여러분은 소작농들과도 같소. 무슨 말인 줄 알겠소? 힘을 써야 한다는 말이오! 이해했소? 애를 쓰시오! 용을 쓰시오! 이를 악물고 힘쓰시오! 있는 힘을 다해 노력하시오! 고개를 숙이시오! 자신의 의지를 사용하고 모든 힘을 다하시오! 금식하고 기도하시오. 이왕이면 기도할 때, 방석을 깔지 않은 딱딱한 바닥에서 무릎을 꿇고 기도하는 것이 더욱 좋소.

요한과 나, 그리고 나머지 사도들은 삼 년 동안 그분과 동행했소. 예수님이 그리스도인의 삶을 사시는 모습을 직접 보았지요. 하지만 여러분은 아니오. 그 점을 명심하시오. 여러분은 그 놀라운 사람들을 간접적으로만 알 수 있을 뿐이오. 그래서 2등급인 것이오. 우리 열두 사도는 여러분을 '하류 그리스도인'이라고 부르겠소.

우리는 그분과 함께 생활했소. 아버지께서 그분 안에 계신 것처럼, 예수님도 우리 안에 거하고 계시지요. 우리에게 있어서 그리스도인의 삶의 비결이란 우리 안에 내주하시는 주님으로 사는 것이오. 하지만 우리에게만 해당될 뿐, 여러분에게는 해당되지 않소. 그렇다면 여러분이 승리하는 그리스도인의 삶을 살려면 무엇을 해야 하겠소? 지금은 우리에게 있는 것을 여러분에게 전해 줄 방도가 없소. 그러나 여기 여러분들에게 해당되는 방법이 있으니 들어 보시오.

첫째, 읽는 법과 기도하는 법을 배워야 하오. 이때 되도록 무릎을 꿇고 기도하시오. 그리고 십일조를 하시오. 반드시 기억하시오. 그렇지 않으면 하나님이 진노하실 것입니다. 그리고 일요일마다 모임에 참석하시오.

아, 좋은 방법이 있소. 오늘 나 시몬 베드로는 교회라는 것을 만들 예정이오. 교회란 믿는 자들의 공동체도 아니고, 24시간의 삶의 방침도 아니며, 사람들을 지칭하는 것은 더욱 아니오. 절대로 그렇지 않소! 그리고 신나거나 활기차거나 활동적인 곳도 아니며, 여러분의 마음과 영혼을 둘 만한 곳이 아니오. 예수 그리스도의 아름다운 신부도 아니오. 그저 건물일 뿐이오. 성도들이 앉을 의자가 즐비한 벽돌 건물 말이오. 물론 의자는 딱딱할수록 더욱 좋소.

또한 이 건물에서 정확히 일요일 오전 11시에 모이

도록 알려야 하오. 오전 9시나 10시, 오후 3시도 안 되고, 금요일이나 토요일이나 다른 날 말고 꼭 일요일 오전 11시여야 하오. 그 외에 다른 시간에 모이면, 당신네들은 이단이 되는 거요.

그리고 건물 안에 들어가거든 조용히 입 다물고 앉아 있어야 하오. 모임에 활동적으로 참여하지 마시오. 그저 주보에 나와 있는 대로 행동하면 되는 것이오. 그 이상은 안 되오. 나머지 시간 동안에는 자리에 앉아서 듣기만 하시오! 단조로운 어투의 설교에 귀를 기울이시오. 때로는 설교 말씀이 이해가 되지 않을 수도 있소. 그렇다고 해서 졸거나 다른 사람과 이야기해서는 안 되오.

무엇보다 베드로라는 내 이름을 걸고 부탁하는데, 절대 말하거나 자신의 삶을 나누지 마시오. 다시금 말하는데, 깊이 참여하지 마시오. 그저 앉아 있기만 하면 된다는 말이오! 알겠소? 교회 의자에 앉아만 있으시오! 깨어 있으시오! 설교 내용이 어려워도 다 이해되는 것처럼 그저 듣고 있으시오.

앞에서도 말했지만, 교회는 생활 방침이 아니라 일

주일에 한 번 드리는 의식이오. 앞으로 평생 주일마다 교회에 나가는 것이 좋을 것이오. 그것이 그리스도인의 삶의 주요 비결이니 잊지 마시오. 성도간의 교제 같은 것은 잊어버리고, 의식만 생각하시오! 이 모든 일을 행하지 않는다면, 하나님과 나는 여러분에게 노할 것이며, 여러분은 좋은 그리스도인이 될 수 없음을 기억하시오.

그러므로 기도하고 성경을 읽으시오. 최대한 빨리 성경 말씀을 기록할 것을 약속하겠소. 서기 300년까지는 복사본 한 권쯤은 얻을 수 있을 것이오. 혹 그때까지 살아 있거나 돈이 많으면 말이오. 금식하고, 교회에 다니며, 십일조를 하시오. 그리고 앞으로 말해 주겠지만 그 외에도 몇 가지 지시 사항을 지켜야 하오. 지금은 기분이 안 좋으니 나중에 말하겠소.

참, 기도할 때 방언으로 말하시오. 어제 백이십 명의 제자들이 그러했듯이 말이오. 솔직히 나는 어제 여러분, 삼천 명을 보면서 실망을 많이 했소. 어찌 단 한 사람도 방언을 하지 못한단 말이오. 오순절 날에 삼천 명 중에 단 한 사람도 방언을 하지 못한다니 말이 됩니까? 첫 시작부터 엉망이니, 최선을 다해 더욱 노력을 기울여야 할 것이오."

정말 이런 일이 있었을까? 아닌가? 그렇다면 우리는 왜 그런 일이 정말 있었던 것처럼, 기도하고 말하며 행동하는 것일까?

정말 삼천 명의 회심자들에게 이와 같은 방법이 그리스도인의 삶의 비결이라고 말했을까? 그리고 그 후손인 우리 그리스도인들 역시 그런 일을 해야만 하는 것일까?

그것이 우리의 운명인가? 사도들 이후에 그리스도인이 된 모든 사람들을 위한 처방책인가? 우리는 삼위일체의 친교에서 끊어진 사람들인가? 우리는 예수 그리스도께서 아셨던 그리스도인의 삶의 방식을 깨달을 수 없다는 말인가? 그분과 동일한 경험에 참여할 수 없다는 말인가? '성경을 읽고, 교회에 다니며, 기도하는 것'이 그리스도인의 삶의 원리라면, 그리스도인의 삶을 살게 하는 거룩한 능력은 과연 어디로 가버린 것일까?

우리는 오직 구원 받을 시점에만 거룩하신 주님과 친교를 누릴 수 있는가? 예수 그리스도와의 친밀한 동행은 이제 모두 끝나 버린 것인가? 그분으로부터 끊어져, 전혀 다른 새로운 방법으로 살고 있는 것일까?

그리스도의 실제성

앞에서 제시한 대로 행한다면, 영적인 세계와 아무런 교류도 없는 삶의 방향으로 향하게 된다. 그 방법이 의미하는 바는 근본적으로 다음과 같다. "구원을 받으라." 이는 참으로 영적이며, 다른 세계에 속한 심오한 내적 경험이다. 하지만 그 이후의 그리스도인의 삶은 고뇌와 고통과 노력이다. 영으로 성령님과 동행하고 그분의 만지심을 경험하는 것, 예수 그리스도와 친밀한 교제를 누리는 일은 존재하지 않는다.

최근 유명한 신학교의 어느 신학 교수가 수업 시간에 극단적인 관점으로 강의를 했는데, 그것은 하나님의 권위 위에 성경의 권위를 두는 내용이었다. 학생 중 한

명이 이렇게 질문했다. "하지만 내주하시는 주님에 대해서는 어떻습니까?" 그러자 그 교수는 이렇게 말했다. "내주하시는 주를 알 수 있는 방법은 단 하나, 성경이 그렇게 말하고 있기 때문이라네." 정말로 우리는 그리스도의 실제성에서 그렇게 멀리 떨어져 있는 것일까?

어쩌면 우리는 중요한 것 한 가지를 놓치고 있을지도 모르겠다.

사랑하는 독자들이여, 그리스도인의 삶을 사는 법에 대한 그 교수의 관점은 '무슬림의 삶을 사는 법'이나 '히브리인의 삶을 사는 법'과 다를 바가 없다는 사실을 기억하라. 과연 진정한 차이점은 어디에 있는가? 살아 있는 주님과의 개인적인 관계는 어디에 있는가?

개인적인 관계의 요소를 제거한다면, 히브리인이나 무슬림과 동일한 영적 수준에서 생활하는 셈이 된다. 살아 계시고 내주하시는 주님은 이 세상 다른 어느 종교도 줄 수 없는 '독특한 무엇'이다. 사실상 다른 종교들은 그러한 영광을 누리는 것을 꿈도 꾸지 못한다. 예수 그리스도는 우리 하나님과 개인적인 친교를 누릴 수 있는 길을 열어 주신다. 혹시 우리가 그 길을 차단하고 있는 것은 아닌지 점검해 봐야 한다.

삼위일체의 비밀

그리스도인의 삶을 사는 비결은 영원 속에 계신 삼위일체 안에서 가장 먼저 찾을 수 있다. 그리고 그 방법은 예수 그리스도 안에 계시되어 있다. 목수 일을 하시는 그분 안에서 하나님의 방법이 총괄적으로 드러나게 된 것이다. 그 안에서 그리스도인의 삶의 비결을 찾을 수 있다!

또한 초대 교회 제자들과 그들의 개인적인 신앙 간증 안에서도 드러났다. 내주하시는 주님과의 활발한 교제와 지속적인 친교의 모습이었다.

삼위일체를 주목하라. 목공소의 예수 그리스도를 바라보라. 열두 제자를 바라보라. 첫 번째 신앙 공동체를 이루었던 당시, 그들이 아버지와 아들과 누렸던 친교의 체험에 귀를 기울이라.

첫 시작점을 엉뚱한 곳에서 잡으면, 결국 제 항로를 벗어나게 되며, 목적지와는 엄청나게 멀어지고, 피상적인 상태가 된다. 또한 완전히 무기력하게 되어, 결국 인본주의와 털끝 하나 차이밖에 나지 않는 상태가 된다. 하나님을 기쁘시게 하기 위해 외적인 선행을 다해야 한다는 개념을 기반으로 그리스도인의 삶을 주장한다면 말이다.

당신의 영 깊은 곳에서 시작하신 이가 육체적인 노력을 향해 방향을 전환하셨을까? 그리스도인으로서의 첫 순간을 영 안에서 시작한 우리 역시, 자기 의지와 두뇌 능력으로 방향을 전환한 것인가? 아버지와 아들의 영원한 관계와 지상에서의 관계에서 시작되지 않는 그리스도인의 삶의 '비결'의 이면을 살펴보라. 이는 자기 힘에 의지하는 종교에 지나지 않는다.

삼천 명의 사람들은 내주하시는 아버지와 예수님과의 관계에 대한 이야기를 들었다. 삼천 명의 새신자들 앞에 섰던 열두 명의 사도들은 육체로 함께 거하셨던 주님이 이제는 그들 안에 거하신다는 자기 경험을 나누었다. 또한 내주하시는 주님과의 현재의 관계에 대해서도 말했다.

열두 사도들은 삼천 명의 사람들에게 새로운 삶의 모습을 제시하였다. 이들 열두 명의 교회 개척자들은 삼천 명의 사람들 각자가 영의 세계 안으로 들어갈 수 있게 문을 열어 준 것이다. 그들은 '영으로 동행하는 법'에 대해 들었고, 이를 완벽하게 이해하였을 뿐 아니라 자신의 삶에서도 실제로 경험하게 되었다.

모든 그리스도인들이 다른 영역 안에서 누리는 삶에 대한 관점은 일반 히브리인들의 생활에 주어진 '비결'과 유사한 점이 전혀 없었다. 히브리 신학자들이 예루살렘 성전에서 제시한 내용과 닮은 점이 전혀 없었으며, 인간 역사상 어느 시대 어느 종교에서도 알려지거나 가르치거나 신봉되지 않은 전혀 새로운 내용이었다.

열두 명의 사도들은 자신들이 날마다 그분의 삶으로 살아간다는 사실과, 내주하시는 그분의 음성을 듣고, 느끼며, 사랑하고, 바라볼 뿐 아니라, 그분과 친교를 누린다는 사실을 삼천 명의 사람들에게 설명했다.

한때 세계에서 가장 실증적인 종교인 유대교에 묶여 있었던 열두 명의 사도들이 갑자기 실증적이고 피상적인 복음을 전한 것이 아니었다. 이전에는 전혀 알지 못하고 꿈도 꾸지 못했던 전혀 새로운 종류의 복음을 선포하였다. 살아 계신 하나님이 믿는 자 안으로 들어오셔서 그리스도인의 삶을 사신다고 전했다. 삼천 명의 사람들은 바로 그 복음을 들었고, 예루살렘 곳곳에 있는 수백 가정들과 함께 그 복음을 경험하였다. 첫 번째 교회의 가장 으뜸 되는 특징은 그리스도인들이 공동체 차원으로 예수 그리스도를 함께 경험한 것이다.

그렇지만 거기에서 모든 것이 끝나 버린 것은 아닐까? 예루살렘에서 첫 공동체가 탄생한 시대 이후에 태어난 모든 그리스도인들은 지적 능력을 중요하게 여겼다. 그리고 공동체 개념도 없이 그저 오전 11시 예배당 모임에만 치중하는 그리스도인의 삶에 묶여 버렸다. 그렇지 않은가?

대체 '후기' 그리스도인들인 우리들에게 무슨 일이

생긴 것일까? 예를 들어, 예루살렘 북쪽으로 수백 킬로미터 떨어진 갈라디아의 이교도 땅에 살던 부정하고 할례 받지 못한 이방 그리스도인들에게 복음이 전해졌을 때, 과연 그들에게 선포된 그리스도인의 삶의 비결은 무엇이었을까?

주님과 직접 생활하지도 못했고, 열두 명의 사도들을 만나 보지도 못했으며, 문맹자에다가, 구원을 받기 전까지 성적으로 부도덕하고, 피를 마신 이교도들이었던 그리스도인들에 대해 살펴보기로 하자. 과연 그들은 그리스도인의 삶의 비결을 어떤 식으로 이해했을까?

The Secret to the Christian Life
chapter 12

이방인의 비결

다소의 바울은 최근 회심한 갈라디아 이교도들을 방 안에 가득 모아 놓고 말씀을 전했다. 해결해야 할 문제가 많은 어려운 상황 속에서도 하나님과 소통하는 법이라는 새로운 개념에 대해 이야기했다!

한때 이교도였던 그들은 기도라는 단어를 처음 들었는데, 전혀 이질적인 개념이었다! 십일조라는 개념도 전무했고, 상상조차 되지 않았다. 대부분의 사람들이 돈을 본 적이 없었던 것이다. 갈라디아 사람들 대부분은 물물 교환으로 생활하기 때문에 돈이라는 개념 또한 이질적이었다. 물물 교환이 주요 교역 수단이었다. 그

방에 있던 사람들 대부분이 일 년 동안 돈이라는 것을 만져 볼 기회조차 없었다. 게다가 '교회 다닌다'는 말도 이해하지 못했다.

당시에는 교회 건물이란 게 없었고, 이후로도 300년간은 존재하지 않았다. 심지어 지역의 이교 신전도, 신전 의식을 지켜보려면 사람들은 밖에 서서 보도록 지어져 있었다. 그러므로 건물 안에 들어가서 예배를 드린다는 개념은 아주 생소했다. 더욱이 그 방 안에 있던 50-100여 명 중에서 글을 읽을 수 있는 사람은 대여섯 명에 불과했다.

혹 그들이 글을 읽을 줄 안다고 해도, 읽을거리를 찾기가 힘들었다. 이방인들은 히브리인들보다도 더욱 책의 대량 생산 개념을 이해하지 못했다. 갈라디아의 평범한 마을의 일반적인 이방인들이라면 평생에 책을 한 번 볼까 말까 한 정도였다. 갈라디아 지방의 절대 다수의 인구가 비참한 노예 생활을 겨우 벗어난 수준에서 살고 있었다.

그런 사람들에게 과연 어떤 복음이 마음에 다가올

까? 그것은 단 하나이다! 삼위일체로 경험하는 기본적인 복음, 그리스도 안에서 이 땅에 드러난 복음, 교회를 개척한 사람들이 직접 경험하고 전해 준 그 복음이야말로 모든 사람들의 필요를 채워 줄 수 있었다. 이교도들이었던 그들은 바울이 개척한 교회 안에서 생활했다. 그 공동체 안에서 사람들은 서로를 돕고, 매일 만났으며, 함께 그리스도를 알아 갔다.

즉, 예루살렘에서 회심했던 삼천 명의 히브리 사람들과 마찬가지로 내주하시는 주님을 알게 되었고, 그리스도와 친밀한 관계를 누리게 된 것이다. 바울과 같은 교회 개척자들이 이방인들에게 전한 복음이 '교회 다니기, 성경 읽기, 기도하기, 십일조 하기, 선하게 살기, 금식하기'였을까? 아니면 살아서 내주하시는 주를 공동체가 매일 함께 알아 가고 만나며 경험하고 받아들이는 것이었을까?

바울이 그리스도와 동행한 흔적

바울에게 있어서 그리스도인의 삶의 비결이 무엇이었는지 알아보기 위해 그 서신서를 살펴보기로 하자. 글을 읽지 못하는 사람들에게 어떠한 복음을 제시했는지 살펴보자. 그들은 한때 돌 우상을 섬겼고, 서신서를 받기 전까지만 해도 미신의 전승에 깊이 빠졌던 사람들이다. 바울이 쓴 편지를 통해 새로운 개종자들이 삶 속에서 경험한 바를 살펴볼 수 있을 것이다. 이교도들이었던 그들이 바울에게서 들었던 복음은 무엇이었을까? 그리스도인의 삶의 비결을 어떤 식으로 이해했을까?

바울의 서신서를 보면서 염두에 둘 점이 있다. 그는 서신서를 개인이 아니라 교회를 대상으로 기록하였다. 믿는 자들의 공동체인 '하늘의 시민들'에게 말이다. 영적 실체가 처음에는 개인이 아닌 교회를 위해 드러났다는 점에 유의하자. 당시 그리스도인들은 서로 긴밀하게 살아가는 가운데 그리스도인의 삶을 누릴 수 있는 것으로 이해했다. 사실상 그들에게는 그리스도인의 삶과 교회가 동일한 것이었다.

그리스도인의 삶의 비결은 그리스도시다. 그분을 알아 가는 실질적인 비결은 매일의 교회 생활에서 발견된다!

현대 신앙인들에게 전혀 생소한 발상이지 않은가. 그리스도인의 삶은 개인적인 신앙생활을 위한 것이 아니다. 교회 안에서의 코이노니아(친교)를 벗어나서는 생각할 수 없다. 최소한 그리스도인의 생활은 구원받은 사람들의 공동체 밖에서 누릴 수 있도록 고안되지 않았다고 할 수 있다.

교회와 그리스도인의 생활은 분리될 수 없다. 그러므로 이방인들에게 쓴 바울의 서신서를 읽을 때는, 바울의 말이 아주 영적이었어도 편지를 읽는 사람들의 98퍼센트가 노예거나 노예보다 조금 나은 정도로 사는 사람들이었음을 알아야 한다. 또한 문맹률도 98퍼센트나 되며, 그리스도인의 일상의 삶에 있어서 교회와 그리스도인이라는 말이 동일어였다는 사실을 기억할 필요가 있다. 구원받은 공동체에게 전한 바울의 이야기를 되새겨 보도록 하자.

갈라디아 사람들에게 쓴 편지

'…안에서'라는 말은 이방인 그리스도인들에게 있어서 매우 중요한 말이었다. '안에서'란 '그리스도와의 연합, 하나 됨'을 의미하기 때문이다.

그리스도는 믿는 자 안에 계신다 갈 1:16.

그리스도에 대한 믿음은 중요하다 갈 2:16.

믿는 사람들은 규칙과 명령, 규정을
완벽하게 지킬 수 없으며,
이는 어느 누구라도 할 수 없는 일이다 갈 2:14, 19.

그리스도인은 죽었고, 그 자리에 그리스도께서 사신다.
그리스도인은 다른 형태, 높은 차원의 생명으로 살아간다.
그리스도가 바로 높은 차원의 생명이다.
그리스도인은 그분을 힘입어 살아간다 갈 2:20.

그리스도인은 내주하시는 성령을 받아들임으로써

그리스도인의 삶을 시작한다.

그는 성령으로 살며,

평생토록 성령과 동행하는 삶을 산다.

그 외에 다른 것은 불가능하다.

규칙이나 율례나 계명을 지키며 사는 것이 아니다 갈 3:2-3.

참으로 의로운 사람은

믿음으로 의롭게 되었다.

그가 바로 생명을 가진 사람이다 갈 3:11.

규칙, 율례, 의식, 전통, 율법, 계명으로 살면

하나님의 생명을 얻지 못한다.

하나님의 생명만이

그리스도인의 삶을 살 수 있게 한다 갈 3:21.

본래부터 천상의 삶을 소유한 가족이 있다.

가족의 전 구성원들이 하나님의 생명을 가지고 있다.

하나님이 사셨던 것과 동일한 삶을 살아간다.

너희도 그 가족에게 속해 있다 갈 3:26, 4:5.

너희는 그리스도 안에 있다 갈 3:27.

(비교할 수 없을 만큼 그 안에 깊이 거하고 있다.)

예수 그리스도의 영이

믿는 자의 영 안에 거하신다 갈 4:6.

하나님은 너희를 속속들이 알고 계시며,

너희도 그분을 잘 알고 있다 갈 4:9.

그리스도는 너의 안에 거하시며,

너의 안에서 그리스도의 형상을 이루신다 갈 4:19.

절제 없이 살아가는 너의 이방인들이여,

모든 규례와 율법으로부터

완전히 자유하다고 말할 수 있는가 갈 4:31, 5:1, 13.

너희는 내적인 영의 인도함을 받는다.

너희는 성령으로 살아갈 수 있다 갈 5:16, 18.

너희의 영은 수고함 없이 열매를 맺는다.

열매 맺기 위해 안간힘을 써야 한다면,

그것은 열매가 아니라 일이다.

육체의 일이다 갈 5:22.

너희는 생물학적으로 완전히 새로운 종(種)이다.

믿지 않는 자에게 없는 것이 너희 안에 있다.

너희는 다른 사람들과 내적으로 다르다.

이는 하나님이나 너희에게 중요한

율법이나 규례를 지켜서가 아니다.

하나님은 너희의 영 안에 계시고,

일은 육체 안에 거한다 갈 5:24, 6:18.

오늘 너희의 영으로 밭을 갈아라.

그러면 영생이 솟아나리라 갈 6:8.

이제는 희랍 세계(현재 그리스 지역)로 옮겨가 보자. 그곳 그리스도인들은 돈, 교육, 생활환경 면에서 갈라디아 사람들과 매우 유사했다.

데살로니가 사람들에게 쓴 편지

'그 안에서'라는 말이 여기에서도 나타난다!

오직 주님으로 인해 너희가 사랑하게 된다 살전 3:12.

하나님은 성령을 너희 안에 부어 주셨다 살전 4:8.

하나님은 지역 교회 안에서
다른 사람을 사랑하는 법을 너희에게 가르쳐 주신다 살전 4:9.

너희는 빛의 자녀요,
낮의 아들이다.
우리는 빛과 낮에 속한 사람들이다 살전 5:5, 8.

교회인 우리는 주님과 함께 거한다 살전 5:10.

그가 너희를 부르셨다. 그가 너희를 지키실 것이다 살전 5:24.

언젠가 우리 안에 계신 이가 영광 안에

우리 가운데서 드러나실 것이다 살후 1:10.

이미 현존하시는 분이 육체로 드러나셨다.

우리의 마음을 하나님께로 돌리고

그리스도의 견고함으로 이끄신 이가 주님이시다 살후 2:8, 13-15.

이제는 고린도에 있는 이방인들에 대해 살펴보기로 하자.

고린도 사람들에게 쓴 편지

눈으로,

귀로, 생각으로

아는 것이 아니다.

하나님은 성령으로

너희 영에 깨달음을 주신다 고전 2:10.

너희 안에 있는 영으로만,

하나님이 주신 모든 것을 깨닫는다 고전 2:12, 6:19.

하나님의 영이 친히 너희 가운데 거하신다 고전 3:16.

영적인 것은 믿는 자 안에 심겨질 수 있다 고전 9:11.

영적인 음식이 있으며,

믿는 자는 그 음식을 맛볼 수 있는데,

그 음식은 그리스도다 고전 10:1-4.

보이지 않으나 현존하시는 주님이

보이는 모습으로 드러난 것이 교회다 고전 12장.

예수 그리스도는 너희에게 성령을 주시며,

성령은 너희에게 생명을 주신다.

그 생명은 다른 세계에 속해 있던 것이다 고전 15:47.

우리는 하늘에 속한 존재다.

우리는 하늘에서 태어났기 때문이다.

너의 안에서 가장 중요한 부분은 영이며,

그 영이 다른 세계 안에서 태어나 그곳에 머물고 있다 고전 15:44-49.

하나님의 영이 너의 마음에 계신다 고후 1:22.

하나님의 영이 너의 마음판에 친히 기록하신다 고후 3:3.

성령이 하나님의 생명을 주신다 고후 3:6.

믿는 자는 보이지 않는 것을 볼 수 있다 고후 4:18.

너희는 그리스도 안에 있고,
완전히 새로운 존재이며,
믿지 않는 사람들과는 내적으로 다르다 고후 5:17.

그리스도의 능력이 친히 믿는 자 안에 거하신다 고후 12:9.

예수 그리스도가 너의 안에 계신다 고후 13:5.

이제는 혈기 왕성한 로마의 이탈리아 사람들을 살펴보자.

로마 사람들에게 쓴 편지

진정한 할례는 내면에 있다 **롬 2:29.**

없는 것을 존재하게 하신다 **롬 4:17.**

너희는 그의 생명을 통해 구원받았다 **롬 5:10.**

너희는 그리스도 안에 있으므로, 하나님께 대하여 산 자다 **롬 6:11.**

생명의 영(천상의 생명)이 너의 안에 있다 **롬 8:2.**

하나님의 영이 너희 가운데 거하신다 **롬 8:9.**

그리스도의 영이 너희 가운데 거하신다 **롬 8:9.**

그리스도께서 친히 너의 안에 계신다 **롬 8:10.**

아버지께서 너의 안에 거하신다 롬 8:11.

너희는 너의 안에 계신 주님과

내주하시는 성령의 인도하심을 받는다 롬 8:14.

하나님은 너희의 영 안에서 너희와 교제하신다 롬 8:15-16.

너희는 약하지만,

내주하시는 성령은 약하지 않으시다 롬 8:26.

하나님의 사랑이 그리스도 안에 있고,

너의 역시 그리스도 안에 있다.

너희와 하나님의 사랑은 모두 그리스도 안에 있다 롬 8:39.

하나님은 너희를 세울 능력이 있다 롬 14:4.

그렇다면 소아시아 지역의 그리스도인들은 어떠했을까?

에베소 사람들에게 쓴 편지

아버지를 통하여

너희는 다른 세계에 속한 영적 부유함에 이른다 엡 1:3.

너희는 지금

영으로 다른 세계에서

그리스도와 함께 앉아 있다 엡 2:6.

너희는 본래 그리스도 예수 안에 있던 자들이다 엡 2:10.

성령을 통해

너희는 아버지께로 곧장 나아갈 수 있다 엡 2:18.

아버지께서 너희 안에 계신다 엡 4:6.

구원받은 이방인인 너희에게는

하나님의 생명이 있다 엡 4:17-20.

너희는 그리스도께서 너희에게 하시는 말씀과
가르치시는 바를 들었다 엡 4:20-21.

교회 공동체가 그리스도인의 삶을
살게 하시는 주체는 예수 그리스도시다 엡 5:23-32.

그의 능력이 너희의 힘이다 엡 6:10.

너희(교회)는 모두,
하나님의 전신갑주를 입으라 엡 6:11-12.

주께서 거하시는 내면으로 들어가
영으로 기도하라 엡 6:18.

골로새 사람들에게 쓴 편지

너희는 성령의 모든 지혜로 채움을 입었다 골 1:9.

너희 안에 계신 그분 안에

모든 보물이 들어 있으며,

하나님의 온전하심이 담겨 있다 골 1:19, 2:2-3.

그리스도께서 너희 안에 계심이 비밀이다 골 1:27.

모든 충만함과 머리이신

예수 그리스도께서

몸을 입으시고 드러나셨다.

너희가 그리스도 안에 거하므로

예수로 채움을 받았다 골 2:9-10.

너희 안에 거하시는 주께서 말씀하신다 골 3:16.

빌립보 사람들에게 쓴 편지

그리스도의 영 안에서 모든 것을 공급받는다 빌 1:19.

그리스도 예수를 내적으로 친밀하게 알아 가는 것은
그 어떤 가치와도 비교할 수 없다 빌 3:8.

너희는 다른 세계에 속하였으므로,
너희의 시민권도 그곳에 있다 빌 3:20.

너희에게 필요한 모든 공급은
내주하시는 주님 안에 있다 빌 4:19.

이 많은 말들 중에 찢어지게 가난하고, 교육도 받지 못한 이방인들을 향하여 좋은 그리스도인이 되려면 '기도하고 성경을 읽으라'고 강조하는 표현이 있는가?

서신서를 보면, 그리스도와 우리의 관계에 관해 전

혀 다른 이야기를 하고 있다는 느낌을 받는다. 여기 나오는 이들은 한때 이교도들이었던 사람들로, 주 예수 그리스도와 깊이 있는 내적 관계를 유지하고 있다. 서신서에서는 그러한 관계가 당연한 일로 묘사되어 있다. 그리고 믿는 자들은 그러한 관계를 매일의 삶 속에서 경험하였다.

말씀 속에서 찾은 답

서신서에서 반드시 짚고 넘어가야 할 부분은, 그들이 '그리스도인의 삶을 시작한 방법'이다. 그들은 아버지와 아들과의 관계를 세우면서 시작했다. 그게 전부다 (롬 1:7, 고전 1:2-4, 고후 1:2-3, 갈 1:3, 엡 1:2-3, 빌 1:2, 골 1:2-3, 살전 1:3, 살후 1:1-2 참조).

그런 이후에는 교회 공동체(단순하고 평범한 그리스도인들)로 들어와 함께 관계를 세워 나가는 것이 대부분이었는데, 여기에서도 그런 양상이 드러나고 있다.

영원 이전과 1세기 당시로 돌아가 살펴보면, 한 가지 끊어지지 않는 계보를 발견할 수 있다. 이는 그리스도인의 삶을 살았던 모든 이들 안에 나타나는 공통적인 근원이자 공통요소다. 모든 이들이라는 말에는 아버지와 아들, 사도들, 부자, 중산층, 대다수의 그리스도인들, 즉 갈라디아의 가장 어둡고 빈곤하며 지저분한 마을과 그리스, 소아시아, 로마의 빈민촌에 살던 소작인과 노예들도 모두 포함된다.

하지만 이는 1세기 때의 이야기일 뿐이다. 그렇다면 21세기를 사는 그리스도인들은 과연 어떠한가?

chapter 13

요한의 제안

 월요일 아침 5시가 되었다. 그리고 어제는 오순절이었다. 베드로는 삼천 명의 개종자들 전체에게 아침 6시에 소집할 것을 당부했다. 하지만 다른 열한 명의 사도들에게는 전체 모임 이전에 모일 것을 부탁했다. 솔로몬의 궁전을 굽어보는 성벽 위에서 이렇게 다시 만나려는 목적은 그날의 계획을 함께 의논하기 위해서다.

 열두 명의 사도들이 모두 도착한다. 베드로가 한 가지 질문을 던진다. "오늘은 사람들에게 무슨 말을 하면 좋겠습니까? 제일 먼저 말할 것이 무엇인가요? 오늘도 주께서 이곳에 계신다면, 사람들에게 어떤 말을 해야 할까요? 새로운 개종자들에게 어떤 말로 시작하는 것이 좋겠습니까?"

유다(가룟 유다 말고)가 손을 들고 말한다. "베드로 형제님, 저는 종말론의 열세 가지 방법론에 관해 연구했습니다. 대부분은 에스겔서와 예레미야애가에 나오는 내용이지요."

"일곱 가지 주요 미덕에 관한 신학 논문에 대해 이야기하시는 건 어떻습니까?" 이때 도마가 끼어든다.

"우리 중에 글을 읽을 줄 아는 세 사람에 해당된다는 이유로, 저 사람들은 뭐든 머리 쓰는 일로 처리하려고 드는 겁니다." 마태가 중얼거린다.

"내 생각엔 일곱 가지 미덕보다는 효과적인 기도를 위한 일곱 단계를 가르치는 편이 좋을 것 같은데요." 시몬이 덧붙인다.

"사람들에게 필요한 건 그게 아닙니다. 영혼의 다섯 가지 은사에 대해 들어야 합니다." 안드레가 반대 의견을 낸다.

"성경을 읽고 교회 다니라고 가르쳐야 한다고 생각하는데요." 다대오가 말한다.

베드로가 묻는다. "성경이 뭡니까? 하기야, 중요한 건 아니죠. 다대오 형제님, 그게 뭐가 되었든 우리는 글을 못 읽는다는 사실을 기억해 주시기 바랍니다. 나는 읽을 줄 모르거든요. 그리고 형제님이 제안하신 그것, 뭐라고 하셨죠? 어디를 다니게 하라고요?"

베드로가 야고보 쪽을 쳐다본다. "야고보 형제님, 우리가 무엇을 가르쳐야 한다고 생각하십니까?"

"베드로 형제님, 저를 쳐다보지 마세요. 지도자는 형제님이지, 제가 아니잖아요!"

베드로는 오랫동안 침묵하며 앉아 있었다. 이제는 내려가서 삼천 명의 사람들에게 나눌 내용을 결정해야 할 때라는 걸 알고 있다. 베드로는 성벽의 총안(銃眼) 사이로 잠시 내려다보더니 그만 바닥에 풀썩 주저앉는다. 그리고 외마디 소리로 자신의 마음을 표현한다.

"오!"

야고보도 성벽 아래에서 간절한 얼굴로 기다리는

삼천 명을 발견하고서는 이렇게 신음한다. "오, 안 돼. 안 돼! 이 일을 어찌할지 아는 사람이 없단 말인가?"

지금까지 잠자코 있었던 요한이 이 순간에 손을 들고 말한다. "베드로 형제님, 제게 생각이 있습니다. 이건 어떻습니까?"

> 우리는 예수 그리스도를 보았고,
> 예수 그리스도를 들었습니다.
> 우리는 그분을 만졌고,
> 그분과 함께 있었습니다.
> 우리는 그분을 따랐고,
> 친교를 나누었습니다.
> 하지만 그분이 돌아가신 이후,
> 우리는 그분과 함께하지 못했습니다.
> 그분은 다시 살아나셨고,
> 그 후 하늘로 올라가셨습니다.
> 이제 그분은 우리 각자 안에 거하십니다.
> 그분과 함께 나누었던 교제가

여전히 지속되고 있습니다.

"삼천 명의 새로운 회심자들에게 우리 열두 사도가 어떻게 그분을 알았고, 또 지금 어떤 식으로 그분을 경험하는지 말해 줍시다. 우리가 체험하고 있는 방법, 즉 주 예수 그리스도와 함께하는 법과 친밀한 교제를 누리는 법을 알려 줍시다. 저 사람들도 그분을 만지고, 알고, 교제를 하게 된다면, 우리가 경험한 바나 말하는 바를 이해하게 될 것입니다.

저들이 그분과 동행하고 교제를 나누는 법을 경험적으로 알게 되면, 주님과 교제를 누릴 수 있을 것이고, 또한 당신과 내가 주 예수 그리스도와 매일 교제를 누리듯이, 저들도 우리와 교제할 수 있게 될 것입니다."

베드로는 요한이 하는 말을 하나하나 들으면서 조용히 앉아 있더니 잠시 후에 이렇게 대답한다. "요한 형제님, 그 말을 한 번만 더 요약해 주실 수 있을까요? 이번에는 좀 간단하게 말입니다."

요한은 한숨을 쉰다.

> 우리는 그분을 눈으로 보고
> 귀로 듣고 만져 보았습니다.
> 저들에게 주님을 알려서
> 저들도 우리와 사귐을 갖게 합시다.
> 그리하면 우리가 아버지와 아들과
> 주 예수 그리스도와 더불어 교제하게 됩니다.

그래서 열두 사도들은 솔로몬의 전각으로 내려와서 인자이신 예수 그리스도와 교제를 나누는 것에 대해 이야기한다. 그리고 예수님이 자신들 안에 오셔서 살아 계시고 내주하시는 주가 되셨으므로, 삼천 명의 사람들도 그분과 지속적인 교제를 나눌 수 있도록 방법을 가르쳐 준다.

초대 그리스도인들의 실제적인 친교

이 놀라운 말씀을 전한 후, 열두 사도들은 삼천 명의 사람들에게 그들 안에 살아 계신 예수 그리스도와 더불어 친교를 나누는 방법을 보여 준다. 그러한 방법으로 삼천 명의 회심자들은 자신들 안에 계신 주님과 교제하는 방법을 발견한다. 그 후에 어떤 일이 일어났을까? 삼천 명의 회심자들은 열두 사도들이 내주하시는 주에 관해 말해 준 바를 깨달았고, 열두 사도들 안에서 일어나고 있는 일을 이해했다.

그런 뒤 삼천 명 역시 주님과 교제를 나눔과 동시에 서로간의 친교를 나누는 일이 벌어졌다! 오직 아버지와 아들과 성령 안에서만 가능한 살아 있는 친교가 그들에게도 가능하게 되어, 이제는 삼천 명과 백이십 명의 제자들도 이를 누리게 되었다! 그들이 서로 깊이 교제를 나눌수록, 열두 사도들을 이해하게 되었다. 또한 열두 사도들과 교제를 나누고, 주님과 더불어 깊은 교제를 나눌 수 있었다.

이 모든 교제는 결국 아버지와 그 아들 주 예수 그리스도께 영광을 돌리게 되었다. 물론 교회인 신부에게도 영광이 임하였다!

하지만 이 모든 기적이 삼위일체나 열두 사도, 삼천

명의 제자에게서 끝이 나지는 않았다.

    당신도 삼위일체와 교회 공동체의 성도들과 더불어 동일한 교제를 나눌 수 있는 권리를 가지고 있다. 초대 교회 그리스도인들이 공동체 안에서 경험했던 실제적인 친교는 이제 당신의 권리가 되었다.

그리스도인의 삶의 비결을 놓치다

이번 장에서 말하고자 하는 것은 매우 간단하다. 이 시대에 강하게 자리 잡은 복음주의적 사고방식에서 사람들의 생각을 자유롭게 풀어 주는 것이다. 복음주의적 사고는 그 특징이 매우 개인주의적이고, 자기 중심적이며, 실증적이다. 그래서 그리스도인의 영적 생활에 있어서 그리스도 중심과 공동체 중심을 배제하고 있다. 무엇보다도 '조금만 더 노력하면 좋은 그리스도인이 될 수 있다'는 식의 성과 지향적인 관념에 깊이 빠져 있다.

이러한 지배적인 사고방식에 이의를 제기할 수 있는 방법은 무엇인지 더욱 자세한 연구가 필요하다.

지금까지의 설교를 모두 모아서 하나로 엮는 것을 가정해 보자. 서기 350년 당시의 설교에서 시작해서 지난주 설교까지 몽땅 모으면 어떤 내용일까? 아마도 우리를 향해 좋은 그리스도인이 되는 방법을 이야기하는 내용이 대부분일 것이다.

이 모든 내용을 거대한 하나의 설교로 묶는다면 세계 최신 컴퓨터에도 다 담을 수 없을 만큼 엄청난 용량이 될 것이다! 그리고 컴퓨터에서 그 내용을 다 출력한다면 이 지구에서 가장 큰 건물을 다 채울 정도가 될 것이다.

그 설교가 다루는 주제는 몇 가지나 될까? 훈계와 경고, 요구의 집합체가 아닐까! 그리고 그 목록은 얼마나 될까! 좋은 그리스도인이 되기 위해 해야 할 일, 하지 말아야 할 일에 관한 목록은 끝이 없을 것이다. 또한 지시하는 요구 사항은 어떠한가? 말 그대로 수백만 가지일 것이다.

이 설교 전체를 암기한다고 상상해 보라! 수억 페이지가 넘는 내용을 직접 외워야 한다! 그리고 이제는 좋은 그리스도인이 되기 위해 필요한 바를 정확하게 다 알게 되었다고 생각한다. 그렇다면 이제 오늘 해야 할 일의 목록에 대해서 한 번 떠올려 보라!

설교 준비하기

사랑하는 독자들이여, 놀라운 지식으로 당신의 머릿속을 무장했으니, 이제는 그리스도인의 삶을 살아야 할 시간임을 기억하라! 이제, 시작해 보자!

시계 알람이 오전 6시를 알린다. 벌써부터 문제에 봉착한다. 인도의 기도하는 하이디(Praying Hyde)는 4시에 일어나서 4시간 동안이나 기도했다는데, 자책감이 밀려온다. 요한 웨슬리는 밤을 새워 가며 기도한 적이 많다는데, 더더욱 마음이 찔린다. 게으름뱅이여, 잠자리에서 일어나라!

잠깐! 혹 잠자리에 누워서 조용히 찬양을 해야 하는 건 아닐까? 어떤 설교에서 그런 내용을 말하지 않았는가? 아니면 잠자리에서 기도를 시작해야 하는 건 아닐까? 아니면 과감히 이불을 걷어 젖힐까? 아니면 잠자리에서 일어나 얌전하게 무릎을 꿇어야 할까? 아니면 일어나서 팔을 들어 올리고 큰소리로 하나님을 찬양해야 할까? 아니면 고개를 숙이고 자신의 죄성에 대해 하나님의 긍휼을 구해야 할까?

불을 켜면 전력이 낭비되니까, 다시 잠자리에 들지도 모르는 모험을 하면서라도 어두운 데서 기도를 해야 할까? 얼마나 기도해야 하는 걸까? 10분? 3시간? 4시간? 서서 기도해야 할까? 무릎을 꿇고 기도해야 할까? 엎드려서 기도해야 할까? 눈을 뜨고 하는 게 좋을까? 눈을 감고 하는 게 좋을까?

설교 내용에서는 이 모든 일을 다 하라고 했다! 매일 하는 게 좋겠지! 한 번도 빼먹지 말고!

잠깐! 이 굼벵이 같은 양반아, 아직 이불 정리도 안 하지 않았는가? 일에는 순서가 있는 법이지. 먼저 방을 깨끗이 정리해야 한다. 하나님은 게으른 사람을 싫어하신다. 방 정리도 안하고 기도할 엄두를 내다니!

이제는 씻으러 갈 시간이다. 세상을 정복할 준비가 된 승리하는 그리스도인의 모습으로 당당하게 걸어가야 할까? 이 세상에서 겸손하게 지내셨던 갈릴리의 예수님처럼 조심스럽게 걸어야 할까?

아뿔싸! 치약이 떨어졌다. 아내에게 치약 좀 사다 놓으라고 했는데, 깜빡한 것이다(여자여, 모든 일에 있어서 남편 말을 들어야 한다고 성경이 말하지 않았던가). 그냥 용서하고 친절하게 타일러야 할까? 아니면 겸손한 내가 모든 일을 덮어 주고, 치약 없이 이를 닦아야 하는 걸까? 어쩌면 이를 닦는 세상적인 일에는 신경 쓰지 말고, 그냥 냄새 나는 채로 다니면서, 하나님이 건강하게 이를 지켜 주실 것을 믿는 편이 나을지도 모르겠다.

설교에서는 하늘에 속한 모든 일을 행하라고 하지 않았던가. 애매한 부분은 무시하고, 그저 모든 일을 행하라. 매일 말이다!

감사하게도 옷은 입어도 된다고 설교마다 분명하게

말하고 있다. 하지만 하나님이 그리스도인에게 놀랍게 베풀어 주심을 보여 주기 위해 화려한 옷을 입어야 하는 것일까? 아니면, 검소하고 겸손하며 수수하고 금욕적인 그리스도인의 생활을 세상에 보여 주기 위해 몸 전체를 낡은 옷으로 덮어야 하는 것일까?

설교 말씀을 전할 때는 하늘에 속한 모든 일을 하라고 말했는데….

잠자리에서 일어나 아침식사 하러 가기 전까지 잠시 잠깐 동안인데도, 안절부절 못하고 어정쩡하게 서 있다!

제대로 설교를 외운 건가? 그리스도인의 생활에 엄청난 도움이 될 텐데, 똑바로 외웠느냐 말이다!

그건 그렇고, 이 어리석은 죄인아, 실패자야, 쓰레기 같은 존재야, 다른 사람을 실족시키는 연자 맷돌아, 가망 없는 위선자야, 오늘 아침 너는 다른 일들을 하느라 바빠서, 성경 읽는 일을 잊어버리고 말았구나! 그런데 여기에도 문제가 있다. 과연 성경을 귀납법적으로 읽어야 하는지, 연역법적으로 읽어야 하는지, 설교 식으로 읽어야 하는지, 아니면 묵상 식으로 읽어야 하는지, 사건 중심으로 읽어야 하는지, 분석적으로 읽어야 하는지 도저히 감이 잡히지 않는다. 설교 말씀에는 하늘에 속한 모든 일을 다 행하라고 했다는 사실을 기억하라! 매일 말이다!

성경 읽기, 독서하기

모든 그리스도인들은 삼 주마다 신약 성경을 독파해야 한다는 사실도 잊지 말라. 창피하지도 않은가(아니, 매주 세 번 독파하라고 했던가).

그리고 전도하는 것을 잊지 말라! 무디가 그러했듯이 매일 잃어버린 영혼을 전도하라. 가난한 자를 도와주라. 모든 교회 행사에 참석하라. 이웃을 돌보라. 매주 하루는 금식하라. 구약의 유대인들처럼 수입의 30퍼센트를 십일조 하라. 성경 통신 과정에 등록하라. 매주 새로운 기독교 서적을 한 권씩 읽으라(아니, 두 권이었던가). 병든 자를 방문하라. 오찬 기도회, 정찬 기도회에 참석하라. 북유럽으로 가서 축호 전도에 참여하라. 하루 한 시간은 자녀들에게 책을 읽어 주고, 캠프에 데려가라. 잘못된 학교 교과서 반대 시위에 참석하는 것과 매일 다섯 개의 기독교 라디오 방송을 듣는 것을 잊지 말라. 여섯 권의 기독 잡지를 읽고, 주일 공과 공부를 준비하며, 고아를 돌보고, 선교사에게 위문편지를 쓰며, 기독교 영화를 관람하고, 교회 소풍과 학부모 모임에 참석하고, 초교파 단체에서 자원 봉사자로 섬기며, 상담도 받고, 평신도 상담을 위한 세미나에도 참석하라.

하늘에 속한 모든 일을 하라고 했던 설교 말씀을 잊지 말라.

독자들이여, 다 이해했는가? 여기에 혹 잘못된 부분은 없는가? 이것이 기독교 신앙인가? 이것이 그리스도인에게 하나님이 요구하시는 바인가?

이제는 세계에서 가장 긴 설교 말고, 세계 유수의 기독교 서적들로 옮겨가 보자!

가까운 신학교나 성경 학교를 찾아가 몇 분 만이라도 도서관 복도를 이곳저곳 살펴보라. 도서관 안에 있는 모든 책이 한 가지 단순한 전제 하에 기록되었다. 너희는 구원을 받았으므로, 책에서 요구하는 바를 모두 할 수 있다는 것이다. 책들마다 좋은 그리스도인이 될 수 있다는 전제를 담고 있다. 이 얼마나 기막히고도, 오류투성이인 억측인가!

좋은 그리스도인으로서 해야 할 일이나, 되어야 할 모습에 관한 모든 책을 모아서 한 권으로 만든다면, 아마도 2미터 높이, 2킬로미터 너비에 달할 것이다. 세계 최장의 설교 때문에 죄책감에 눌린다고 생각하는가? 잠깐만, 아직도 그 위에 세계 유수의 기독교 서적들을 더 쌓아야 한다. 그 책을 모두 읽으려면 400-500년도 모자랄 것이다!

책의 저자들이 말한 바를 모두 실천하려다 보면, 몇 주 지나지 않아 완전히 돌아버리게 될 것이다.

이번에는 우리의 할 일을 당부하는 모든 설교와 책들 외에, 좋은 그리스도인이 되기 위해 해야 할 일을 말해 주는 모든 텔레비전과 라디오 방송 설교까지 모아 보자.

사랑하는 독자들이여, 사실상 이 모든 방송과 책과 설교가 당신에게 주는 것은 '실패감과 자책감, 그리고 평생의 좌절감'임을 기억하라.

주님의 계시

그리스도인은 오직 한 분이며, 그분만이 그리스도인의 삶을 사실 수 있다. 그분의 생명을 붙잡고 그분을 붙들지 않는다면, 가장 기본적인 원리를 거스르는 일이 된다. 우리 안에는 그리스도인의 삶을 살 수 있는 자원이 없으며, 혹 우리 안에 있더라도 그 사실을 깨닫지 못한다! 거대한 분량의 설교와 책도 그 사실을 깨닫는 데 도움이 되지 않는다.

인간은 그리스도인의 삶을 살 수 없는 왜곡된 존재다. 혹 그렇지 않더라도, 우리는 그리스도인의 삶을 살 수 없다. 그리스도인의 삶이란 지금까지도 그래왔고, 앞으로도 그러하겠지만, 살아 계신 하나님께 속한 것이다. 그분만이 그리스도인의 삶을 사신다!

다시금 반복하지만, 당신 삶의 최고의 날은 바로 자기 힘으로는 그리스도인의 삶을 살 수 없다는 사실을 주님의 계시로 깨닫는 날이다. 그게 사실이라면, 아직도 모르는 것과 다시 배워야 할 것들이 너무도 많다.

해야 할 것과 하지 말아야 할 것의 목록에서 떠나, 주님을 대면할 가능성을 향해 나아가 보자.

The Secret to the Christian Life
chapter 15

교회를 위한 강력한 권고

    당신은 매우 영광스러운 수련회에 참가한 뒤, 자동차 짐칸에 여행 가방을 던져 넣고서 집으로 향한다. 하지만 좋은 설교를 듣는 것이 너무도 익숙한지라 수련회 기간 내내 딱히 실질적인 방법을 찾아내지는 못했다. 물론, 개구리가 우물을 벗어나는 축복을 받았다! 너무나도 영광스러운 설교라서 감동을 받다 못해 우물 밖으로 튀어나온 것이다. 하지만 집으로 돌아가는 길에 남는 것은 좋은 느낌뿐이다. 당신도 알다시피 좋은 느낌은 그다지 오래가지 못한다.

그렇지만 예수 그리스도와의 친밀한 경험, 예수 그리스도와의 인격적인 관계는 실질적이다. 그리고 그분을 친밀하게 알아 가도록 돕는 실질적인 도움을 줄 수 있는 방법이 있다.

하지만 주님과의 관계를 영구히 세우기 위해 기꺼이 대가를 지불할 마음이 당신 안에 없다면 그러한 도움도 무용지물이다. 당신이 그런 범주에 포함되는지의 여부는 알 수 없으나, 자기 스스로 곧 알게 될 것이다. 사실상 몇 주 정도면 충분히 파악하게 된다!

지금은 실질적인 부분을 살펴보기에 앞서 내가 느끼는 두려움에 관해 당신에게 솔직하게 털어놓고 싶다. 나는 본서에서 독자들에게 실질적인 도움을 주기에 앞서, 걱정스러운 면이 있는데 그 이유에 대해서 밝히고 싶다.

내가 본서의 출간 자체를 꺼리는 첫 번째 이유는 단순하다. 하나님의 나라에서 사용할 수 있는 실질적인 일들이 상품화되는 것이다. 몇몇 설교자들이 책을 통해 오히려 돈을 버는 방도나 찾아내는 일이 있을 수 있기 때문이다. 나는 그런 일이 생길까 봐 두렵다. 내가 두려워하는 일 이상의 일이 발생할까 봐 걱정스럽다.

사역자들 중에서 천 명 가운데 한 명 정도는 거룩한 일들을 상품화하는 일이 거의 없을 것이라고 생각한다. 하지만 미국만 해도 30만 명 이상의 개신교 사역자가 있다. 그 말은 약 300여 명의 사람들이 그런 일을 저지를 수 있다는 말이 된다! 하나님의 나라를 이용해서 자기 밥그릇을 챙기는 법을 찾아내는 사람들이 늘 있기 마련이다.

이 책에서 실질적인 도움을 게재하는 일을 꺼리는 두 번째 이유는 그것이 내가 이미 언급한 내용이기는 하지만, 오늘날의 우리 시대에서 온전히 이해하기는 힘든 내용이기 때문이다. 예수 그리스도와 그리스도인의 관계에 대한 관점은 나에게 매우 신성한 의미를 준다. 신성할 뿐 아니라 쉽게 이해하기도 힘들다.

공동체 안에서의 친교

나는 우리가 예수 그리스도와 영적으로 동행하는 가운데 이루어지는 교회 공동체의 역할에 관해 말하고 있다.

예수 그리스도와의 인격적인 관계는 개인적인 일이 아니라, 공동체 안에서 일어나는 공동의 일이다. 몇몇 친구들과 어울리면서 이를 교회라고 칭하는 모습을 말하는 것도 아니고, 초교파 단체에서 함께 일하는 사람들의 관계에 대해 말하는 것도 아니다. 초교파적인 운동이 교회 공동체를 대신하는 경우가 매우 많다.

그렇다고 마태복음 18장 20절 말씀을 언급하는 것도 아니다. "두세 사람이 내 이름으로 모인 곳에는 나도 그들 중에 있느니라." 이 말씀은 뭔가 감상적인 느낌을 주는 구절로 인용되는 경우가 많다. 마치 끝머리에 '그것이 바로 교회니라'라고 붙어 있는 것처럼 말이다.

그렇지만 두세 사람이 모이는 것은 교회가 아니다! 성경을 펴서 그 '아름답고 감상적인' 구절을 다시 한 번 읽어 보라. 이 구절에서 예수님이 말씀하시는 바는 교회 전체가 누군가를 제명해야 하는 시점에서 취해야 할 행동 단계 중 하나에 관한 것이다. 이것이 감상적인가!

내가 언급하는 공동체가, 주님이 보시기에는 온 우주에서 가장 거룩하고 귀한 것이라는 사실을 이해하기 바란다. 아마도 현대 그리스도인들에게는 그다지 귀하게 여겨지지 않을 수도 있지만, 하나님께는 매우 귀중하다. 그분께는 창조물 가운데 가장 신성한 요소다. 나는 지금 교회 공동체에 대해 말하고 있다.

교회 공동체는 죽은 물체가 아니라, 살아 있는 신부다! 눈에 보이고, 관찰할 수 있으며, 직접 참여도 하는 지속적인 모임이다. 믿는 자들의 몸이고, 구원받은 자들의 공동체이며, 하늘에 속한 곳이자 이 땅에 존재하는 나라다. 예수 그리스도는 교회를 위해 죽으셨다. 그리고 그분은 믿는 자들의 공동체 안에 거하시므로, 우리는 그 안에서 생활해야 한다. 또한 그 공동체 가운데 있어야 그분을 알아 갈 수 있다.

1세기 당시의 상황과 마찬가지로, 당신과 나는 그

리스도의 몸의 친교 가운데서 구원을 받는다. 나는 교회라는 문명권 안에서 전 생애를 살아야 한다. 이는 공동체이며, 거룩한 나라다. 1세기 그리스도인들은 교회를 정말로 좋아하고 사랑했다. 예수 그리스도가 주 되심을 깨달은 사람들은 함께 모여 남은 생애를 함께하며, 서로 인격적이고 친밀한 교제를 나누며 살았다. 1세기 그리스도인들의 경험상, 그리스도와 교회는 불가분의 관계였다.

격의 없고, 실질적이며, 살아 있고, 헌신된 그리스도의 몸 안에서 활동하지 않는 이상, 내가 앞에서 말했고, 지금 말하고 있으며, 앞으로 말하게 될… 그 어떠한 영적인 일도 일어나지 않을 것이다.

내가 지금 하는 말이 얼마나 이해하기 어려운지 잘 안다. 오늘날 교회의 의미는 일주일에 한두 번 가서, 딱딱한 나무 의자에 앉아 찬송가를 몇 번 부르고, 성가대의 찬양을 들으며, 목회자의 설교를 들어주기 위해 다니는 건물 정도에 불과하다. 그렇게 교회에 다녀온 뒤에는 집에 돌아와서 주일 예배용 옷을 벗어두고 거창하게 식사를 한 뒤 낮잠을 청한다. 그런 식의 사고를 가진 사람에게 교회란 하루 18시간, 일주일의 7일 동안 계속되는 공동체이고, 나라며, 친교이고, 생활권이며, 예수 그리스도를 가장 중심에 놓은 생활 방식이라고 설명해 주기는 너무나도 힘들다.

그럼에도 불구하고, 예수 그리스도를 개인적으로 친밀하게 알아 가는 모험을 시작하려면, 반드시 그리스도의 몸 가운데 들어와야 한다. 그리스도와의 동행이 혼자만의 고군분투가 되어서는 안 된다. 모든 그리스도인들과 함께하는 공동체적인 활동이어야 한다. 혹 내가 대다수 그리스도인들이 알고 있고 경험한 것과는 너무 동떨어진 말을 하는지도 모르겠다. 하지만 그렇다고 사실 자체나 필요가 달라지는 것은 아니다.

대부분의 그리스도인들은 예수 그리스도를 깊이 있게 알지 못한다. 그리고 예수 그리스도를 알아 가는 법에 관한 실질적인 도움을 받는 것도 가뭄에 콩 나듯 매우 드문 실정이다. 우리들 대다수는 사실상 예수 그리스도를 매일 인격적이고 친밀하게 경험하기를 힘쓰는 공동체적인 노력에 관하여 아는 것이 하나도 없다.

이로써 이유에 관한 설명을 마쳤으니, 이제는 예수 그리스도와 친교를 나누는 법에 관한 실질적인 도움에 대해 이야기하도록 하겠다. 사실상 다음에 나올 내용은 예수 그리스도를 좀 더 친밀하게 알아 가는 법에 관한 것이다. 그리고 아들과 나누는 아버지의 친교, 아버지와 나누는 아들의 친교로 들어갈 수 있도록 당신을 도와줄 실질적인 도움에 관한 것이다.

나는 당신이 교회를 경험하는 가운데, 이러한 친교를 체험하기를 바랄 뿐이다.

교회 공동체의 존재 목적

한 가지 이유 때문에, 우리 모두에게는 교회가 절대적으로 필요하다! 이유가 무엇인가? 우리들 대부분은 그다지 잘 훈련된 사람들이 아니기 때문이다. 그리스도를 지속적으로 따르는 데 필수적인 과감한 결단성을 갖춘 사람은 많지 않다. 사랑하는 독자들이여, 하나님이 우리에게 교회를 주신 한 가지 이유가 바로 이것임을 기억하라! 우리는 공동체적으로 예수 그리스도를 추구해야 한다. 공동체적으로 예수 그리스도를 추구하면 외로운 각 개인들이 100배는 강하게 서서 그리스도를 좇아갈 수 있게 된다. 함께 그리스도를 좇는 것은 하나님이 우리를 위해 만들어 두신 중요한 방법이다.

그리스도를 개인적으로 추구하는 것과 공동체적으로 추구하는 것은 비교가 되지 않는다. 개인적으로 시도할 때는 우리 중 거의 한 사람도 '성공하기' 힘들지만, 공동체적으로 노력할 때는 거의 모두가 해낼 수 있다. 특히 훈련이 제대로 되지 않은 사람들에게는 획기적인 소식이 아닌가! 이는 1세기 그리스도인들이 우리에게 전해 준 가장 큰 강점 가운데 하나이기도 하다.

하나님의 성 안에 있지 않고서는, 과거나 현재나 미래 모두 그리스도인의 생활을 성공적으로 영위할 수 없다. 공동체의 몸 안에서 그리스도를 추구하는 것이야말로 하나님의 방법이다. 나같이 부족한 사람조차도 성공할 수 있다!

그동안 우리는 지금의 형편에 대해서만 다루었다. 이제 이 장을 마무리하면서 한 가지 강력한 권고를 하고자 한다. 주님을 아는 일에 마음을 품은 사람을 찾으라! 분명 이 책을 읽고 있는 사람일 것이다. 그리고 잡다한 행동 목록들을 기꺼이 포기할 사람을 찾으라! 지금까지의 기도 방법을 모두 버리고 기꺼이 원점에서 새로 시작할 사람을 찾으라! 또한 두 사람이 함께 모이라. 그래서 예수 그리스도와 친밀하고 인격적인 관계를 세우는 방법에 관해 본서가 제시한 실질적인 도움을 함께 좇아가라.

마지막으로, 당신이 주님과의 새로운 친교에 많은 시간을 들이고, 여기에 나온 실질적인 도움을 조심스럽게 실천해 나가기를 바란다.

내면의 깊은
영적 세계보다
더욱 고요한
은둔의 장소를
찾을 수 없을
것이다.

제 2부

삶을 변혁시키는

네 단계

실천하기

"이는 그들로 마음에 위안을 받고 사랑 안에서 연합하여 확실한 이해의 모든 풍성함과 하나님의 비밀인 그리스도를 깨닫게 하려 함이니 그 안에는 지혜와 지식의 모든 보화가 감추어져 있느니라"(골 2:2-3).

The Secret to the Christian Life
chapter 16

시간의 여유가 필요하다

일을 하면서 깨달은 비밀을 후대에 전해 주려고 했던 어떤 사람에 관한 이야기를 읽은 적이 있다. 그는 그 비결을 가르쳐 주려고는 했지만, 아무에게나 전해 주지 않고 한결같은 마음으로 성실하게 이를 좇아올 사람에게 전해 주고 싶었다. 그래서 자신이 아는 바를 모두 기록할 때가 왔을 때, 그 사명을 위해 자신을 온전히 헌신한 사람들만이 그가 말하고자 하는 바를 깨달을 수 있도록 매우 간결하게 적었다.

이번 장을 쓰기 위해 자리에 앉아 있는 나도 이와 동일한 마음을 느낀다. 나 역시 같은 이유로 최대한 간결하게 기록하기로 했다. 실질적인 도움이 기록되어 있기는 하지만, 오직 여기에 나온 내용에 온전히 주의를 기울이는 사람에게만 도움이 될 것이다.

4개월의 시간이 필요하다

온전한 열심과 갈망으로 추구하는 사람들에게 도움이 되기를 바라는 마음으로 기록하였다. 이것은 간절히 소망하는 마음을 가진 사람들만을 위한 것이다. 매우 간결하게 기록되어 있으므로, 앞으로 열거될 각 과제를 여러 번 읽어 보기를 독자들에게 권한다.

총 네 가지 과제가 나온다. 여기에서 당신이 할 일은 지도를 따라 그대로 따라오는 일뿐이다. 이런 종류의 책을 읽는 사람들 대부분은 그저 책을 읽기만 하면, 자신의 영적인 생활에 커다란 변화가 일어날 것을 기대한다. 하지만 필요한 것을 눈으로 다 읽었다고 해서 변화가 일어날 것이라고 기대하는 것은 금물이다!

네 가지 과제를 다 수행하려면 4개월의 시간이 걸린다. 4개월 동안이다! 하지만 이 책에서 지시하는 대로 잘 따라가면 예수 그리스도와 완전히 새로운 관계에 들어가게 될 것이다.

첫 번째 과제를 다 수행하기 전까지는 두 번째 과제로 넘어가지 말 것을 부탁한다! 이것은 너무나 중요한 일이다.

4개월 동안 과제를 모두 수행한다면, 현재의 기도생활을 뛰어넘게 된다. 기도 자체를 뛰어넘는다는 말이 아니라, 기도에 대해 일반적으로 이해하는 것 이상을 깨닫는다는 말이다.

이 책에서 찾아볼 수 있는 것은 아버지와 아들과 친교를 갖는 방법이 전부다. 그것이야말로 새로운 그리스도인에게 나타나야 할 첫 번째 모습이다. 그리스도인의 삶의 비결은 아버지와 아들의 관계, 그리고 아들과 아버지의 관계에 중심을 두고 있으며, 이제 당신은 내가 아닌 살아 계신 하나님의 초청을 받아 그 놀라운 관계 안으로 들어가는 첫 발걸음을 떼려는 순간에 있다.

4개월이 다 지난 후, 당신이 좋은 소식을 전할 수 있기를 기대해 본다.

The Secret to the Christian Life
chapter 17

영원의 요소

　다음의 내용은 주님과의 동행에 있어서 가장 근원적인 부분에 대해 실질적인 도움을 담고 있다. 사실상 이와 같은 단순한 과제야말로 모든 그리스도인들의 놀라운 삶의 기초가 된다.

　나는 당신이 이제부터 읽을 내용을 주님과의 의미 있는 친교 가운데 들어갈 수 있는 유일한 방법으로 제시하는 것은 아니다. 그저 한 방법일 뿐임을 밝힌다. 하지만 우리 모두 어딘가에서는 시작해야 하지 않겠는가? 몇 달을 두고 그러한 연습을 반복하면 우리의 삶 속에 차츰 자리잡아 가기 마련이다. 반복된 연습은 결국 유기적으로 발현되고, 시간이 지나면 제2의 천성이 된다.

다음에 나올 네 가지 과제의 목적은 당신이 주님과의 관계를 세워 나가도록 도움을 주는 것이다. 그리하여 향후 몇 년간은 주님과의 관계가 당신의 삶 안에서 나름의 방향성을 잡아 가게 될 것이다. 즉, 이 책의 내용은 점차 사라지고, 당신과 주님만이 향유하는 친교의 모습이 그 자리를 대신 메우게 된다.

본서는 깊이 있는 그리스도인의 삶으로 인도하는 서론에 불과하다는 사실을 기억하라. 그렇지만 이 책 안에는 영원의 요소가 담겨 있다. 그 실질적인 도움은 단순히 당신의 기도를 돕는 것이 아니라, 주님과의 영원한 친교를 세워 나가도록 이끌어 준다. 궁극적으로는 그분과 하나 되는 경험을 할 수 있게 해줄지도 모른다.

주님과의 친밀한 교제를 위한 첫걸음

본서의 앞부분에서 읽었던 내용을 다시금 상기하기를 바란다. 앞부분에서 삼위일체 하나님 안에서 어떤 일이 일어나는지 살펴보았다. 당신도 주님과의 관계를 세워 가기 시작하면 반드시 아버지와 아들의 친교와 동일한 요소를 갖게 된다. 어떠한 요소일까? 그분의 생명을 받음으로써 그 생명을 통해 살아가게 되고, 그분의 사랑을 받음으로써 그분을 사랑하게 되며, 그분을 들음으로써, 그분을 바라보게 되는 것이다. 이 모든 요소가 합쳐지면 친교를 이루게 된다. 이는 영원의 요소이며, 그리스도인의 체험적인 삶의 근본이 된다. 이것은 우리 모두에게 해당된다. 당신이 누구이든 어떠한 영적 삶을 살아왔든, 이는 변함이 없다.

그렇다면 어디서 시작할까? 먼저 당신 안에 그분의 생명을 받아들였다는 사실을 인정하라. 자신 안에 있는 하나님의 생명을 생생하게 붙잡고 싶다는 갈망을 고백하라. 온 우주에서 그리스도인의 삶을 살게 하는 유일한 생명력은 바로 그분의 생명임을 인정하고, 스스로 그리스도인의 삶을 살고자 노력하는 자세를 버리라. 그런 후, 그분을 사랑하고 그분의 사랑을 받는 법을 배우라. 혼자서 고요히 그분 앞에 앉아 그분을 사랑하고, 그분의 사랑을 받으라.

다음 장에서는 당신의 삶과 그분과의 교제 안에서 그 요소를 실제화시킬 수 있는 실질적인 방법을 알아보도록 하겠다. 지침에 따르라. 4개월 후면 자아 중심의 삶을 벗어나 그리스도 중심의 삶으로 옮겨 갈 것이다. 그 과정에서 혹 만유의 주이신(고전 15:28) 그분의 실제적인 손길을 느끼게 될 수도 있다.

> 최소한 하루에 한 번,
>
> 아침이든 저녁이든
>
> 온 몸과 마음을 모으라.
>
> – 토마스 아 켐피스

The Secret to the Christian Life
chapter 18

실천을 위한 첫 번째 과제
:말씀을 기도로 바꾸기

복잡하게 떠도는 생각이 있다. 주님 앞에 갈 때마다 자책감을 느낀다. 때로는 졸립다. 대체 주님께 무슨 얘기를 해야 하는지도 모르겠다. 이내 산만해진다. 이것은 당신의 기도 생활에서 맞닥뜨리는 방해물이다.

이런 방해물을 해결할 방도가 있는가? 있다! 정말로 있다.

본래 다른 세계에 속한 두 가지 해결 방법이 우리가 사는 세계 안에 존재하고 있다. 그 하나는 하나님의 숨결인 성경 말씀이다. 그리고 다른 하나는 당신의 영이다. 당신의 영은 다른 세계에 속해 있으며, 그 일부분이다. 즉, 영적 세계에 속해 있다. 그 두 요소를 하나로 모으면(당신의 영과 하나님의 숨결인 말씀은 본래 아버지와 아들이 계신 영역에 근간을 두고 있다), 영적인 세계로 통하는 길을 열고 해묵은 방해물을 해결할 열쇠를 손에 쥔 셈이다.

먼저, 이 책을 읽었거나 읽을 예정인 그리스도인을 찾으라. 3-4개월 동안 일주일에 두세 번을 만날 수 있는 사람이어야 한다(동성 친구나 배우자가 좋다). 그리스도를 알고자 하는 갈망을 지닌 사람, 종교적인 모든 열심을 내려놓을 준비가 된 사람이어야 한다! 당신과 마찬가지로, 종교적인 단어나 자만한 어투를 자제하고, 거창하고 고상한 말로 하나님을 찬양하거나 자기만의 방식으로 기도하지 않으려는 사람이어야 한다! 그렇다. 그 사람은 바로 마음이 가난한 사람이다.

둘째, 구약성경과 신약성경 중에서 그리스도를 중심에 두는 말씀 중 세 단락을 적으라. 단락별로 5-8개 구절이 넘어서는 안 된다. 자신이 좋아하는 말씀일 수도 있고 아닐 수도 있다. 조심스럽게 선택하라. 에베소서,

골로새서처럼 그리스도를 중심에 둔 말씀만을 뽑으라.

이제 지난 수세기 동안 많은 성인들이 소중하게 여겼고, 2천 년 동안 그리스도 신앙을 이어 내려온 유산이자 전통을 실천하게 되는 순간이다. 이것은 말씀을 기도로 바꾸는 작업이다.*

이러한 방법으로 주님께 다가가면 생각이 엉뚱한 데로 흐르거나, 산만해지지 않는다. 잠이 오지도 않을 것이다. 그리고 무엇을 기도해야 할지 확실히 알게 된다. 과거에 기도했던 내용보다 훨씬 깊고 풍부해질 것이다. 이유가 무엇인가? 말씀을 가지고 기도하기 때문이다!

시편 23편으로 기도하기

이렇게 시작하라.

성경을 펴기 전, 첫 시작이야말로 이 책에서 가장 중

---

* 저드슨 콘웰의 저서 《말씀으로 기도하기》(Praying the Scripture)를 참고하라. 시편 23편을 통해 당신은 새로운 출발점을 맞이하게 될 텐데, 시편 23편 말씀을 가지고 당신이 해야 할 네 가지 과제들을 각각 수행하게 될 것이다. 이미 당신이 다른 세 개의 성경구절을 신중하게 선택했다면, 후에 당신이 시편 23편을 이용했던 것과 같은 방법으로 그 성경 구절들을 사용할 수 있을 것이다.

요하면서도 실질적인 부분이다. 최고의 시간을 온전히 하나님께 집중해야 하는 부분이다. 다른 어떤 시간보다도 여기에 집중하라.

홀로 고요하게 있으라. 생각을 차분히 내려놓으라. 이런 식으로 잠시 머물러 있으라. 기도하지 말라. 그저 주님 앞에 앉아 있으라. 그분을 바라보는 법을 배우되 기도하지는 말라! 5분, 10분…. 사랑을 받고, 사랑하라. 그렇다. 그분을 사랑하라.

그런 다음, 성경을 열어 시편 23편을 펴라. 침묵하지 말고, 큰 소리로 읽으라. 시편 23편을 주님 앞에서 낭독하라.

이해하기 쉽게 다시 쓰거나, 각색하라. 마음이 이끄는 데로 따라가고, 마음속에 주님의 다른 모습이 떠오르거든 성경 구절에만 머물러 있지 말라. 그리고 마음에서 자연스럽게 흘러나오는 말로 주님께 표현하라. 무엇보다 주님께 말할 때에는 평범한 구어체로 표현하라! 거창한 문어체 표현이나 종교적인 단어는 잊어버리라.

자신의 영 안에서 뭔가 새로운 생각이 떠오르거든 그 생각을 말로 표현하라. 자신의 유쾌한 생각을 주님께 큰 소리로 말씀드리라.

어떤 일이 일어나는지 눈여겨보라. 지금 주님께 말씀을 드리고 있지만 성경을 사용하여 말하고 있는 것이다. 놀랍지 않은가! 성경을 읽으면서 동시에 기도하고 있는 것이다!

이제는 어떻게 이런 기도가 진행되는지 살펴보도록 하자.

> 주 예수님, 주님은 나의 목자십니다. 나를 돌보십니다. 언제나 나를 돌보셨습니다. 지금도 돌보고 계십니다. 앞으로도 돌봐 주실 것을 믿습니다. 나는 양입니다. 나는 목자를 위해 만들어진 존재입니다. 주님은 목자십니다. 정말로 내게는 부족한 것이 없었고, 지금도 그렇습니다.

시편 23편 전체를 읽을 때, 계속 이런 식으로 기도하라. 한 주간에 최소 3일 동안은 아침마다 시편 23편 전체를 가지고 기도하라. 홀로 고요한 시간을 가지라.

그렇게 한 주가 지나면 다른 말씀을 사용하라. 다른 단락도 그런 식으로 사용하기에 '적합'한지 살펴보라.

이런 식의 기도에는 다른 말씀이 더 적합하다는 사실을 깨닫기도 한다. 때로는 선택한 말씀을 기도로 드리기에 적합하도록 다소 각색해서 다시 기록해야 할 필요가 있을 수도 있다.

첫 번째 주에는 혼자서 시편 23편으로 삼 일을 기도하고, 두 번째 주에는 친구에게 함께 기도하자고 요청하라. 만나서도 처음에는 시편 23편을 사용하라. 그 다음 주에는 자신이 선택한 구절 가운데 하나를 정해서 사용하라. 그 주에는 먼저 홀로 주님 앞에 나아가라. 그런 후에 친구와 만나 그 구절로 함께 기도하라.

두 사람이 만나면 다른 일을 시작하기 전에 잠시 고요히 앉아 있으라. 기도 시간이 종교적인 일을 하는 시간이 아니라는 점을 명심하라! 때가 되면 함께 말씀을 가지고 기도하기 시작하며, 일상적인 단어로 주님께 말하라! 찬란하게 포장된 말이나 어려운 말로 하지 말라. 종교적인 말을 피하기 위해서는, 개역한글판에 나오는 고어(古語)를 사용하지 않기를 바란다. 또한 기도로 상대방을 감화시키려고 노력하지 말라. 배우는 사람이 되어야지 가르치는 사람이 되어서는 안 된다. 마음을 편안하게 가지라!

그렇다면 두 사람이 정확히 어떤 식으로 함께 성경을 보며 기도하는 게 좋을까? 시작하기 전에 누가 홀수 구절을 읽고, 누가 짝수 구절을 읽을지 정하라. 한 사람이 한 구절을 읽은 후에는 이를 자신의 기도로 표현하라. 하지만 서로 남의 말을 가로막거나 남이 한 기도에 더 보태서는 안 된다. 자기 영 안에서 무언가 감지될 때마다 그대로 행하면 된다. 결국에는 상대방의 구절을 가지고 기도를 마치게 되는 때도 있다.

세 번째 주에는 홀로 주님 앞에 나아가서 이야기하는 시간을 두세 번 가져야 하며, 자신이 선택한 단락 중 하나를 사용한다. 첫 주에 했던 대로 반복하되 새로운 구절을 사용하라. 그런 후에 친구와 만나서 선택한 구절을 가지고 함께 기도하라. 만남을 가질 때, 주말에 만나는 것이 좋다. 함께 기도로 그 구절을 주님께 올려 드리라.

마지막에는 주님 앞에 고요히 앉아 있으면서 영의 깊은 곳으로 가서 주님께 사랑을 드리라.

네 번째 주에는 그 다음 선택 단락을 사용하라. 이전의 삼 주 동안 했던 방식 그대로 하면 된다.

그 전에는 안 되고, 첫 번째 달의 네 번째 주 동안에만 두 번째 과제를 읽어 본다. 두 번째 과제를 보면서 놀랄 것이다. 첫 삼 주 동안에는 두 번째 과제가 무엇인지 알아서는 안 된다.

그 전에 이 책장을 넘겨서 미리 두 번째 과제를 읽게 되면, 모험을 시작하기도 전에 무산되고 말 것이다. 첫 번째 과제를 시작하기 전에는 두 번째 과제를 모르는 것이 참으로 중요하다.

첫 번째 과제는 영으로 감지하는 법과 주님 앞에 앉아 있는 법, 그분께 사랑을 드리는 법을 배우는 데 큰 도움이 되는 필수적인 과정이다. 그렇지만 지금 두 번째 과제를 읽게 되면 그런 능력을 제대로 배우지 못하고 만다. 대신 부록을 펴서 읽어 보기를 바란다. 그런 다음 4개월 동안 함께할 친구를 찾아보라. 하지만 영적인 모험의 첫 4주를 지나기까지는 절대로 두 번째 과제를 읽어서는 안 된다.

The Secret to the Christian Life
chapter 19

실천을 위한 두 번째 과제
:아버지와 아들의 친교를 목도하며, 영으로 대화하기

부탁하건데, 첫 번째 과제를 완수한 후에 두 번째 과제를 읽기 바란다.

두 번째 과제는 첫 번째 과제와 매우 유사하다. 첫 번째 과제는 말씀을 기도로 바꾸는 방법을 배우는 데 도움이 되므로, 전략적으로 중요하다. 이 둘 사이에는 한 가지 주된 차이점이 있는데, 그 차이점이 전혀 다른 세계를 만들어 낸다. 그 차이점은 가히 혁명적이다. 주님께 나아가는 방식에 있어서의 차이점이다. 하지만 그 차이점에 대해 논하기 전에 살펴볼 것이 있다.

첫 한 달을 보내는 동안에는(첫 번째 과제를 완수하는 기간) 모든 기도의 중심이 당신 자신이었다. 예를 들면 다음과 같다.

> 주님, 당신은 나의 목자이십니다. 내게 부족함이 없습니다. 나를 푸른 초장에 누이십니다. 내 영혼을 회복시키십니다. 내 잔이 넘칩니다. 나의 평생에 주의 선하심이 나를 따를 것입니다.

이것은 우리가 하는 기도의 가장 전형적인 유형이지 않은가?

두 번째 과제에서는 이전에 한 번도 가보지 못한 새로운 산에 올라가게 된다. 새로운 관점에서 그리스도인의 믿음을 보게 될 것이다. 이제 완전히 그 중심이 바뀌게 될 것이다. 당신 자신은 더 이상 기도의 중심이 되지 않을 것이다. 그리고 그러한 단순한 변화가 당신의 삶을 영원히 변화시킬 것이다. 그리스도인의 삶을 바라보는 관점과 심지어 기도하는 방법, 말씀을 사용해서 기도하는 방법까지 변화시킬 것이다.

말씀을 바라보며 기도하는 관점의 변화

다시금 생각해 보기 바란다. 당신은 생소한 영적 경험을 하게 되는 것이 아니라, 예수님이 가장 처음으로 겪으셨던 일을 경험하게 된다. 당신을 비롯한 모든 그리스도인들에게 해당되는 일이다. 그리고 시편 23편을 썼던 목동 다윗에게도 그러했다.

그것이 사실이라면 시편 23편은 다윗이나 우리가 처음으로 경험한 바는 아닐 것이다. 예수 그리스도께서 먼저 경험하신 바다. 불가능한 일인가? 그렇지 않다. 하나님의 아들은 시공을 초월하신다. 그는 인간이 존재하기 이전부터 계셨다. 우리는 그저 그분이 가장 처음 경험하셨던 일을 경험할 뿐이다. 인류의 시간 속에 태어나기 이전에 영원 속에 계셨던 주님이 시간의 주관자이기도하다는 사실을 기억하라. 시편 23편은 아버지와 아들 사이에 일어났던 경험을 기록한 내용이다.

이번 두 번째 달에도 같은 구절(시편 23편)로 시작하게 되겠지만, 한 가지 크게 다른 점이 있다.

당신은 본래의 기도 방법에서 완전히 벗어나게 된다! 주님께 기도하면서 자신을 언급하는 일은 없게 될 것이다. 이번 두 번째 달에는 아버지와 아들의 교제를 지켜보게 된다. 즉, 이를 바라보게 된다! 한편 사랑을 드리고 사랑을 받기 시작한다(시작하기 전에 주님 앞에서 기다리는 법에 관한 첫 번째 과제 부분을 다시 읽어 보라). 아버지와 아들 사이의 영적 경험의 영원한 교류를 목도하게 될 것이다. 사실상 그분들이 서로 교제하는 모습을 옆에서 지켜보게 되는 것이다. 그렇게 되면 시편 23편을 통한 기도가 이런 식으로 나오게 된다.

> 아버지, 예수 그리스도께서 이 땅에 계셨을 때, 아버지는 그분의 목자셨습니다. 그분께는 아무런 부족함이 없으셨습니다. 아버지께서 모든 필요를 채워 주셨습니다. 예수 그리스도께서 필요로 하시는 전부는 바로 아버지십니다.

주 예수님, 주께서 이 땅에 계셨을 때, 아버지께서 주님의 안식이셨습니다. 주님은 그분 안에서 쉬셨습니다. 아버지께서 주의 영혼을 채우셨습니다. 주의 아버지께서 주의 시원한 생수가 되셨고, 음식이 되셨습니다. 모든 것을 채우시는 분이셨습니다.

아버지, 당신은 예수 그리스도의 의이십니다. 그분의 길이십니다. 주 예수님은 아버지의 의로움 안에서 움직이고 살아가셨습니다. 예수님은 아버지를 따랐고, 아버지의 이름을 영화롭게 하셨습니다.

여기에서 당신 자신이 기도 안에 포함되지 않은 점을 주목하라. 산을 옮기듯 놀라운 변화를 이룬 것이다!

이런 식으로 시편 23편을 아버지께 계속 올려 드리라. 계속 기도 안에 머물라. 아버지와 아들 사이의 교류와 경험과 친교를 목도하라.

즉각 이런 기도를 시작하면 안 된다는 사실을 기억하라. 먼저 주님 앞에 잠잠히 앉아 기다리는 시간을 가지라.

첫 주 동안에는 세 번 정도 홀로 이런 기도 시간을 가지라. 그런 후에 주말에 한 번 친구와 만나라. 한 사람이 홀수 절을 읽으면, 다른 사람이 짝수 절을 읽으라. 그리고 함께 시편 23편을 올려 드리라.

두 번째 주에는 선택했던 다른 단락을 가지고 기도하라. 이렇게 남은 한 달 동안 매주 같은 방법으로 계속 기도하라.

두 번째 달의 마지막 며칠이 남았을 때 세 번째 과제를 읽으라.

교회 공동체 안에서 50-100명의 사람들이 각자 자기 집 거실에 모여, 같은 기간 동안 동일한 기도를 하고 자신의 경험을 나누게 된다면, 우리의 기도는 더욱 쉬워지고 더욱 놀라워지지 않겠는가? 지도자가 없더라도 말이다!

chapter 20

실천을 위한 세 번째, 네 번째 과제
: '풍성함' 자체인 삼위 하나님의 친교 안에 거하기

세 번째 과제는 두 부분으로 나뉜다. 첫 번째 부분은 아무것도 하지 말고 그저 듣는 것이다. 그 방법은 다음과 같다.

홀로 있으라. 주님 앞에 그저 잠잠히 앉아 있으라. 그분을 사랑하고 사랑을 받으라(첫 번째 과제 참조). 이제 시편 23편을 펴라. 아무 말도 하지 말고, 들으라! 하나님의 아들이 하시는 말씀, 나에게 하시는 말씀이 아니라 아버지께 드리는 말씀을 들으라. 아버지께서 내가 아닌 아들에게 하시는 말씀을 들으라.

시편 23편을 통해서 아마 이런 말을 들을 수 있을 것이다.

> 아버지, 제가 이 땅에 있을 때, 사람들과 천사들 앞에서 아버지가 나의 목자가 되심을 증거했습니다. 내게 아무런 부족함이 없음을 사람들과 천사들에게 드러냈습니다. 그리고 아버지께서 늘 나와 함께하셨다는 사실도 보여 주었습니다.

> 내 아들아, 네가 이 땅에 있는 동안 나는 너를 인도하였다. 너는 나를 따랐고, 내 이름을 영화롭게 하였구나. 나는 너의 시원한 생수였고, 너의 안식이었으며, 지금 이 순간 영원 속에서도 나는 너의 시원한 생수이며 안식이란다.

첫 주 동안에는 두세 번 정도 시편 23편을 가지고 계속 '들으라.' 이 부분은 친구와 함께하지 말고 혼자서 해야 한다. 하지만 친구도 동일한 방법으로 세 번째 과제를 따르면서 함께 보조를 맞춰야 한다. 주말에는 두 사람이 함께 만나 각자 '보고 들은 것'을 나눈다.

이는 바라보고 듣는 과제다.

'듣기'와 '바라보기'

들은 내용에 자신을 끼워 맞추지 말고, 그저 귀를 기울여 들으라. 첫째 주는 시편 23편으로 하고, 둘째 주에는 자신이 선택한 다음 단락으로 넘어가라. 아버지와 아들이 나누시는 말씀에 더 많은 시간을 할애하여 들으라. 그리고 두 번째 주말에도 친구와 만나서 아버지와 아들이 교제하시는 바에 대해 들은 것을 서로 나누라. 그저 나누기만 하라. 그 이상은 아니다!

세 번째, 네 번째 주에도, 새로운 두 가지 단락으로 동일하게 반복하라. 바라보기와 듣기를 계속하라.

세 번째 과제의 두 번째 부분은 매우 단순하다. 즉 세 번째 과제를 시작하면서 네 번째 과제에 관해 주님께

묻고 이를 기록하는 것이다. 네 번째 과제는 첫 번째, 두 번째, 세 번째 과제를 모두 끝낸 사람에게만 해당된다!*

네 번째 과제를 받음과 동시에, 다음 몇 주 간에 대한 간단한 관찰 사항과 도움을 얻게 된다. 첫 번째, 두 번째 과제를 끝내고, 세 번째 과제를 시작하기 전에는 글을 쓰지 말라. 자신을 속이지 말라!

그렇게 되면 네 번째 과제가 시작될 것이다!

그분의 풍성함을 찾고, 풍성함 자체이신 그분을 만나게 될 것이다.

네 번째 달을 마무리하면서 얻을 수 있는 것은 무엇인가?

삼위일체의 교제 안에 함께하게 된다. 함께하는 친구도 마찬가지다! 자신의 영에 대해 좀 더 깨닫게 될 것이다. 자신의 영이 위치하는 곳을 감지한다. 자신의 영과 감정과 의지를 구별하는 법을 배우게 된다. 주를 사랑하고 바라보며, 듣고, 반응하며, 교제하는 법을 배운다. 그리고 어떤 경우에는 자신을 비우고 삼위일체의 친

---

* 나에게 개인적으로 문의를 해도 좋다.

교만을 바라보게 되기도 한다.

　그리고 이것이 깊이 있는 그리스도인의 삶으로 들어가는 첫걸음이 되어야 한다.

그리스도인은
언제라도
무슨 일이든
할 수 있다.
그리스도 안에서
진정한 원칙을
세우자.

부록

관찰과

경고

"내가 그리스도와 함께 십자가에 못 박혔나니 그런즉 이제는 내가 사는 것이 아니요 오직 내 안에 그리스도께서 사시는 것이라 이제 내가 육체 가운데 사는 것은 나를 사랑하사 나를 위하여 자기 자신을 버리신 하나님의 아들을 믿는 믿음 안에서 사는 것이라"(갈 2:20).

The Secret to the Christian Life
부록 **chapter 1**

중심 되신 예수 그리스도

내가 풋내기 사역자로 일하던 시절의 사우스웨스턴 침례 신학교 강의실로 당신을 안내하고 싶다.

강의실에는 약 사십 명가량의 학생들이 앉아 있었다. 학생들 대부분이 신학교 마지막 학년이었다. 교수님은 수업 시간에 이런 질문을 하셨다.

"침례 교인이 붙들어야 할 가장 중요한 것, 중심 되는 것이 무엇인가요?"

잠시 침묵이 돌더니 여기저기에서 손을 들었다. 한 신학생이 말했다. "침례 교인이 붙들어야 할 가장 중요한 것은 물세례입니다. 침례 말이지요."

교수님은 대답했다. "아니요. 틀렸습니다."

다른 학생이 손을 들더니 이렇게 말했다. "침례 교인에게 가장 중심 되는 일은 한 번 구원으로 영원히 구원을 받는다는 것, 즉 구원의 안전성입니다."

다른 학생이 일어나 말했다. "우리는 절대로 변하지 않는 하나님의 말씀인 성경을 붙듭니다."

오랫동안 침묵이 이어졌다. 우리는 그 학생과 교수님을 번갈아 가며 쳐다보았다. 그 대답도 틀렸다. 그러자 강의실 전체가 완전히 침잠해 버렸다.

강의실 안에 있던 학생들은 모두 대학 졸업반 학생들이었다. 우리 모두는 이제 신학 훈련을 마무리하는 시점이었다. 나는 당시 만 22세였고, 4년의 신학 교육을 거의 마쳐 가고 있었다. 나는 헬라어와 히브리어를 공부했고, 성경 읽기에 탐닉했을 뿐 아니라, 학교 도서관을 가장 성실하게 드나드는 사람 중 하나였다. 하지만 그날 아침, 나는 침례 교인에게 가장 중요한 것이 무엇인지도 제대로 모르는 39명의 학생들과 전혀 다를 바가 없었다.

정말 긴 침묵의 시간이 흐른 후, 교수님은 답을 말씀

해 주셨다. "침례 교인에게 가장 중심이 되는 것은 바로 예수 그리스도입니다."

이 말은 신학 교육을 받았던 기간 동안 최초이자 유일하게 들었던 말씀이었다. 물론 강의실에 있던 학생들은 전부 무안함을 느꼈다. 하지만 나는 왜 40명의 학생들이 그렇게 말도 제대로 못했는지 궁금하다. 전 세계 개신교 신학교의 어느 강의실에서 동일한 질문을 던지더라도, 아마 똑같은 일이 일어날 것이다. 주 예수님이 우리에게 직접 계시된 일은 드물다. 혹 있더라도, 예수 그리스도께서 우리의 중심으로 계시되는 일은 드물다(계시라는 의미에서 그렇다는 말이다). 우리의 중심을 성경에 두기 쉬운 이유도, 우리가 직접 예수 그리스도를 대면하지 못했기 때문이다. 그리스도가 중심이시라는 말은 그분이 경험적으로 우리의 중심이 되실 수 있다는 뜻이다.

예수 그리스도를 안다는 것

나는 독자들과 함께 이 부분에 대해 좀 더 자세히 살펴보기 원하지만, 이에 앞서 다른 이야기 하나를 나누도록 하겠다. 들은 사람도 있겠지만 또다시 들어도 좋은 이야기다.

워치만 니(Watchman Nee)라는 유명한 중국 그리스도인에 관한 이야기다. 이 이야기는 삶 속에서 그리스도가 중심 되심을 제대로 간파하지 못하는 우리의 모습을 적나라하게 드러내 준다.

나는 내게 처음으로 이 이야기를 해준 노부인에 대한 기억을 마음속에 고이 간직하고 있다. 그분은 베타 쉬릭(Beta Shyrick)이라는 나이가 많고 매우 경건한 분이었다. 베타 여사는 중국에서 감리교 선교사로 계셨다가, 결국에는 선교회를 떠나 워치만 니 형제와 동역하셨다. 그분이 내게 해준 이야기는 워치만 니의 멘토인 바버 부인(Sister Barber)이라는 여성과도 관련 있는 것이다. 실제로 그 사역에 가담했던 분에게서 들은 이야기이기 때문에 결코 잊을 수가 없다.

20대 초반의 워치만 니는 바버 부인의 문하생이었다. 어느 날 젊은 워치만 니는 종말론에 관해 쓴 자신의 두꺼운 논문을 들고 바버 부인에게 갔다. 다니엘, 에스겔, 요한계시록에 나오는 기사와 상징을 논하는 전천년설 논문이었다. 바버 부인은 워치만 니에게 이렇게 말했다. "예수님의 재림을 준비하는 사역을 원하지 않는 게로군." 부인의 단순한 말에 워치만 니는 그리스도의 재림을 깊이 고찰하고픈 열정에 사로잡히게 되었다.

그런데 하루는, 혈기 왕성한 젊은 워치만 니가 갑자기 바버 부인의 집을 찾아와서는 이제껏 들어 보지 못한 최고의 설교를 들었다고 말했다. "주님을 잘 아는 위대한 그리스도인을 찾았습니다." 바버 부인은 설교가의 설교를 들으러 워치만 니와 함께 모임에 참석했다. 모임이 끝나고 바버 부인은 자신이 본 바를 이렇게 말했다. "정말 놀라운 능력을 가진 분이지만, 내적으로는 예수 그리스도를 아주 조금밖에 알지 못하는 사람이라네." 워치만 니는 놀랐다.

얼마 후, 그는 열정에 넘쳐서 다시 바버 부인의 집을 찾아왔다. "방금 듣고 왔는데, 이 사람 설교를 꼭 들어 보셔야 합니다. 이번에는 분명히 감명을 받으실 겁니다." 바버 부인은 그 도시의 그리스도인들에게 강연하러 온 유명하지 않은 부흥 강사의 설교를 들으러 워치만 니와 동행했다. 설교를 들은 후, 부인은 이렇게 말했다.

"정말로 지적인 사람이군. 성경에 대한 지식도 뛰어나고 말이야. 웅변술도 아주 놀라워. 하지만 내적으로 주 예수 그리스도를 잘 알지 못하는 사람이라네." 워치만 니는 또다시 충격을 받았다.

다시 얼마 후, 워치만 니는 또 부인의 집을 찾아왔다. "정말로 주님을 잘 아는 분을 찾았습니다. 그분이 하는 이야기를 들으면, 얼마나 주 예수님과 동행하는지 알수 있습니다. 그분의 이야기를 꼭 한 번 들어 보셔야 합니다. 이번에야말로 제 말에 동의하실 겁니다."

바버 부인은 또다시 워치만 니와 함께 설교를 들으러 갔다. 그런데 이번에는 좀 색다른 해석을 해주었다. 부인의 말에 귀를 기울여 보자.

"이분은 오래전에 예수 그리스도를 깊이 있게 경험했네. 그 경험을 통해 인생이 바뀌었고, 깨어짐도 체험했지. 하지만 과거의 경험에 근거해서만 생활하고 설교하는 분이라네. 현재 주님과의 생생한 동행은 없어. 과거에 만난 하나님을 통해 살아가는 분이야."

이번에는 워치만 니에게 깨달음이 왔다. 몇몇 그리스도인들만 경험하는 깨달음이라고 말하는 독자들도 있을 것이다. 그는 예수 그리스도와의 살아 있고, 경험적인, 현재의 관계를 맺는 것이 얼마나 중요한지 직시하기 시작했다. 모든 교리, 모든 가르침, 모든 능력, 모든 행위, 모든 개념, 모든 신념도 그리스도가 모든 것의 중심이라는 사실 앞에서는 빛을 잃고 굴복한다.

경험을 통해 알 수 있는 주님

그리스도인의 깊은 영적 삶에 관한 강연(교회 안에서 예수 그리스도를 경험하는 법에 관한 강연도 포함)을 진행하던 지난 몇 년 동안, 나는 가끔 이 이야기를 떠올리곤 했다. 비록 오래전에 주님 곁으로 가신 분이긴 하지만, 혹 바버 부인이 지금 내가 강연하는 모임 가운데 앉아 있다면, 과연 무엇이라고 말할까? 강의하는 동안, 나는 주님과의 현재적이고, 경험적이며, 일상적이고, 친밀한 만남을 그대로 담고 있는가?

사랑하는 독자들이여, 내 나름대로의 상상을 펴가는 모습을 용납해 주길 바란다. 무엇보다도 나는 '성인'의 반열에 결코 들어갈 수도 없는 사람이다. 나는 유전(油田)에서 일하는 혼혈 아버지 밑에서 자랐다. 눈에 보이는 사람들은 인부들이 전부였다(그곳에서는 열 개의 유전이 발견되었다). 동부 텍사스, 가난하고 교육받지 못한 유전 인부의 보잘것없는 가정에서 자라난 배경이 나의 모난 성격 속에 그대로 드러난다. 나는 모습이나 행동이나 말에 있어서 거룩함과는 관계가 없는 사람이다. 기껏해야 흉내만 낼 정도다.

'거룩한' 이미지를 만들어 내기가 힘든 나의 모난 성격과 무능력한 모습에도 불구하고, 바버 부인이라면 나에 대해 이렇게 말했을지도 모른다고 생각할 때도 있었다. "이 사람은 인격적으로 현재 자신이 경험하고 있는 주님, 즉 살아 계시고, 현존하시며, 다스리시는 영광스런 주님을 높이고 있군. 모든 그리스도인들도 이 사람이 말한 것처럼 주님을 경험하고 알게 되었으면 좋겠어." 너무 내가 과장된 상상을 하고 있는지도 모르겠다. 베타 부인에게 들은 바에 의하면 바버 부인은 여간해서는 감동을 받는 사람이 아니었다는데 말이다. 그것은 베타 부인도 마찬가지였다! 물론 바버 부인이 이렇게 말했을 만한 때도 있었다. "이 사람은 예수 그리스도와의 현재 경험을 토대로 말하고 있지 않아."

오늘날 내가 확실하게 아는 사실은, 과거 신학교 강의실에서는 몰랐어도 지금은 교수님의 질문의 답이 무엇인지 안다는 점이다.

사랑하는 독자들이여, 이번 장의 핵심은 단순하다는 사실을 기억하라. 문제는 당신의 삶의 중심이 예수 그리스도가 아니라는 점이다. 그렇다면 무엇인가? 물론 나는 그 답을 잘 모른다. 아마도 예수 그리스도를 섬기는 일일 가망성이 높다. 오늘날 세계적으로 예수 그리스도를 섬기는 일이 큰 우상이 되어 버렸다. 당신에게도 그러한가? 설교나 사역이나 선교가 당신의 중심인가? 아니면 영혼 구원인가? 혹은 방언을 하는 것이 중요한가? 가족이 중요한가? 안정감이 중요한가? 당신 스스로가 잘 알 것이다. 그 모든 것을 다 내려놓으라!

모든 것을 다 버리라! 주를 아는 일에만 전력하라!

하지만 그에 앞서 다음 장을 읽어 보는 것이 현명하리라고 본다!

The Secret to the Christian Life
부록 **chapter 2**

주를 아는 일의 위험성

일상적 기독교에 안착하지 못한 그리스도인들은 비극적인 일을 겪고, 박해와 죽음을 당했다. 그나마 운이 좋았던 사람들도 엄청난 고통을 당해야 했다. 이번 장은 그와 관련된 내용을 담고 있다. 그리고 당신에게 경고를 주기 위해 기록되기도 했다. 그런데 예수 그리스도를 깊이 있게 아는 것을 주제로 기록된 1900년대 이전의 책들은 전부 이런 경고의 내용을 담고 있다!

함께 사우스웨스턴의 신학교로 돌아가, 신학생들로 가득 찬 강의실에서 왜 한 사람도 질문에 대답하지 못했는지 그 이유를 찾아보기로 하자. 주님을 진정으로 알아

가는 법을 깨닫기 시작할 때 왜 고통을 당할 수 있는지 알 수 있는 좋은 예가 되는 것이다.

왜 신학생들은 그렇게 간단한 질문에 답을 하지 못했을까? 안타깝지만 그 이유는 너무나도 분명하다. 주님과의 친밀하고 일상적이며 인격적인 만남에 대해 모르기 때문에, 기독교 가정에서도 우리의 중심 되신 주님에 대해 말해 주지 않는다. 이것은 너무나도 동떨어진 영역인 것이다.

물론 전 세계 교회의 주일 설교가 예수 그리스도에 관한 내용이다. 때로는 위대한 위로자로 묘사되기도 하고, 사람들을 깜짝 놀라게 하려는 충격요법으로 사용되기도 한다. 또한 죄를 지으려는 찰나를 포착하시고, 죄악을 멈추지 않으면 무섭게 처벌하시는 복수의 주님으로 표현되기도 한다.

때로는 설교자가 그분을 교리로 설명하면서, 길거리에서 다른 교리를 전파하는 이단들을 맹렬히 저지해야 한다고 말하기도 한다. 하지만 주님을 구세주로 말할 때도 있다. 구원에 대해 말하는 시점에서만, 경험할 수 있는 분으로 묘사하는 것이다. 사실상 구원에 관한 설교 외에는 주님을 현재에 체험하고 알 수 있는 분으로 말해 주지 않는다. 기가 막힐 일이 아닌가!

실제로 주님을 만났는가

내 말을 오해하지 않길 바란다. 기도에 대해서는 늘 설교한다. 그리고 기도 모임도 늘 가진다. 그렇지 않은 가? 대부분의 기도 모임이 생기가 없거나 지루해서, 졸 기에는 그만이다! 그나마 우리의 중심 되신 주님을 진정 으로 알고 만질 수 있을 만한 때는 회중 전체가 일어서 서 아름다운 경배 찬양을 부를 때뿐인 듯하다.

물론 은사주의와 오순절 교회에서는 방언을 통해 주 님을 알아 가는 전성기를 맞고 있다. 은사주의자들 대부 분은 이미 수년 전부터 방언에 진력이 났다는 사실을 고 백하거나, 자신들의 행동이 순진한 가식임을 인정하지 는 않을 것이다. 그렇지만 주님을 실제적으로 만나는 부 분에 있어서는 은사주의와 오순절 교회나 복음주의 교회가 서로 오십보백보 차이다. 아직도 하는 행동의 대부분은 감성적인 제사에 지나지 않는다. 내 말을 비판적으로 받아들이지 않기를 바란다. 이것은 내가 관찰한 바일 뿐이다. 개인적으로 나는 메마르고 죽어 있는 침례교인들에게 그들을 위해 기도해 줄 오순절파 사람들을 찾아보라고 권했다.

혹 방언으로 기도하다 보면 침례 교인이나 다른 복음주의 사람들이 그토록 철썩 달라붙어 있는 죽은 일들에서 혹 떨어지게 되지 않을까 하는 소망에서 말이다. 그렇지만 자부심 강한 은사주의 오순절파 사람들은 마치 자신들이 예수 그리스도의 한 귀퉁이라도 차지한 듯이 독선적이고 확신에 차 있지만, 예수 그리스도가 얼마나 풍성하고 인격적이신지, 그리고 매일의 삶 속에서 얼마나 친밀하게 다가오시는지 반도 알지 못한다. 오순절 성도들이여, 진정하라! 우리의 생각을 넘어 방언보다도 훨씬 높은 것을 발견할 수 있게 될 것이다.

신학교 학생들이 우리 교수가 던진 질문의 답을 진정으로 이해할 날이 올 것인가? 예수 그리스도와의 깊고 인격적이며 친밀한 동행에 대한 이야기를 듣는다고 해서 상황이 더 나아지겠는가? 당신의 생각은 어떠한가? 나는 이렇게 생각한다.

당신은 이런 말을 자주 들었을 것이다. "오늘날 그리스도인들의 문제는…." 혹은 "오늘날의 그리스도인들은 …하지 않는다"는 말이다. 또는 "오늘날의 그리스도인들이 필요로 하는 것은…"이라는 말이다. 독자들이여, 이런 말을 하기는 싫지만, 주님을 잘 모르는 그리스도인들의 이 같은 문제는 오늘날만의 문제가 아님을 기억하라. 어제의 그리스도인들에게도 있었고, 그전의 그리스도인들에게도 있었던 문제다.

1700년 전으로까지 거슬러 올라가게 된다. 예수 그리스도가 그리스도인의 믿음에 있어서 친밀하고 경험할 수 있는 중심에 계셨던 때가 그만큼이나 오래되었다! 서기 300-400년 사이에 그리스도께서 밀려나셨다. 대신 교리, 가르침, 능력, 예언, 기적, 방법, 예배당, 의식, 주지주의(主知主義), 아름다운 설교가 들어와 그 자리를 차지했다. 그런 다음부터 상황은 그다지 좋지 않았다. 과연

상황이 회복되어지겠는가? 교인들의 숫자가 많지 않으냐고 반문한다고 해도, 대답은 '아니다.'

그리스도인들은 어디에 관심을 두고 있는가

콘스탄티누스 대제가 기독교를 서구 세계의 공식 종교로 지정한 이래로, 그리스도인의 숫자는 엄청나게 많아졌다. 너무 많을 정도로 말이다! 하지만 그때 이후로 주 예수와의 지속적인 동행을 간구하는 그리스도인들은 소수에 불과했다. 과거에도 그랬고, 지금도 그러하며, 앞으로도 그렇게 남을 것 같다. 마지막 나팔 소리가 울리는 그 순간까지도 말이다.

이러한 평가에 대해 의문을 품는다면, 다음의 이야기를 한 번 생각해 보라. 대부분의 그리스도인들이 주님을 더욱 깊이 알아 가는 데 그다지 초점을 두지 않는다는 사실을 단적으로 보여 주는 내용이다.

나는 예수 그리스도를 친밀하게 알아 가고 이를 믿는 자의 삶의 중심에 두어야 할 것에 대해 여러 사역자들 앞에서 강연한 적이 많았다. 사방이 설교자들로 가득한 회의장에서 그렇게 강연했다! 강연 중에는 다음과 같은 말을 덧붙이기도 했다. 예수 그리스도를 매일 친밀하게 인격적으로 알아 가는 일은 가능하며, 더욱이 시공을 초월하여 이 세상 밖으로 나가 다른 영역으로 들어가서, 그곳에서 주님과 대면하여 경배하고 교제를 나누는 일도 가능하다고 말이다.

독자들이여, 힘들겠지만 다음 사실을 기억하라. 이에 대한 이의 제기나 해석, 질문은 허용하지 않겠다. 지난 25년 간 나는 단 한 가지, 오직 주 예수 그리스도만을 전하려고 노력했다. 나의 평생의 사역에 있어서 주님만이 중심 주제가 되셨기를 소망한다.

가끔 회의장에서 그리스도에 대해 강연할 때면, "아멘"으로 화답을 받기도 하고, 박수를 받기도 하며, 격려를 받기도 하고 기립박수를 받는 경우도 있었다. 그렇지만 지난 25년의 세월 가운데 복음 사역자 중 어느 한 사람도 나에게 와서 "진 형제님, 예수 그리스도를 매일 인격적이고 친밀하게 알아 가는 방법을 가르쳐 주세요"라고 물어본 경우는 한 번도 없다. 그리고 이렇게 말한 적도 없다. "시공을 초월해서 다른 세계로 들어가서 주님과 교제를 나누는 방법에 대해 가르쳐 주세요"라고 말이다.

단 한 명의 평신도만이 그렇게 물어보았다. 25년 동안에 단 한 사람이라니!

여기에서 나는 결론을 발견했다. 이런 결론에 이르기까지 25년의 시간이 흘렀다! 그리스도인들은 설교 듣기를 좋아하고, 설교의 능력에 감동받는 것을 좋아한다. 또한 설교 내용에 전율하고 떨며 기뻐하기를 즐기고, 이 같은 일들이 일어나는 집회에 참석하는 것을 좋아한다. 그렇지만 그 멋진 설교 가운데 예수 그리스도를 친밀하게 아는 일이 실제적이라는 사실을 믿을 수 있도록 실질적인 도움을 주는 내용은 적다는 사실이다. 설교들은 대부분 그리스도를 아는 일이란 구체적인 단어로 설명할 수 없다는 식의 잠정적 결론을 내리곤 한다.

다시 원점으로 돌아가자. 어제든 오늘이든 혹 내일이든, 그리스도인들이 그리스도를 친밀하게 알아 가는 일에 관심을 가질 것이라고 기대하지 말라. 항상 그래왔었고, 지금도 그러한 양상일 뿐이다. 역사의 장에서 급진적인 새로운 사건이 벌어지지 않는 한, 그런 양상은 계속될 것이다. 역사가 스스로 그 사실을 증명하게 될 것이다.

사랑하는 독자들이여, 이 부분에 대해 분명하게 짚고 넘어가길 바란다. 우리가 이러한 부분에서 도움을 받지 못한 이유는 앞 세대가 그런 실질적인 도움을 받아 본 적이 없기 때문이다. 그리고 그 세대가 도움을 받지 못한 이유는 그들의 아버지에게서 그런 도움을 받은 적이 없기 때문이다. 1700년이 이런 식으로 흘렀다!

지금 당장 해야 할 일

사역자로서의 40년과 그리스도인으로서의 42년 동안 내가 경험하며 관찰한 바로는, 예수 그리스도만이 그리스도인의 신앙의 전부가 된다는 사실을 믿고 열정적으로 간절히 원하며 목말라하는 소수를 제외하고는 이러한 현상은 변함이 없다. 나는 나와 비슷한 사역 연륜을 갖고, 나보다 더 많은 대중을 대상으로 더 많은 지역에서 활동한 여러 사역자들에게 질문해 보았다. 그분들의 고민도 나와 매우 흡사하였다.

그렇지만 과연 예수님은 당신이 꿈꾸는 것보다 더 친밀하게 알아 갈 수 있는 분일까? 당신도 그러한 친밀한 관계를 간절히 원하는 사람인가?

여기에서 단순한 질문을 해볼 수 있겠다. 과연 당신은 얼마만큼 주님을 알기를 갈망하는가? 중점적인 사항을 벗어나는 다른 모든 것, 즉 중심을 담고 있지 않은 모든 것을 다 내려놓을 만큼인가? 이상한 기도 방법을 모두 포기할 만큼인가? 당신은 자신이 이상하게 기도한다고 생각하지 않는가? 입술로 말하는 기도 내용을 녹음해서 직접 한 번 들어 보라! 우리가 가장 우선적으로 추구해야 할 그리스도인의 삶의 원천인 삼위일체와 친밀한 교제를 나누겠는가? 자신이 선호하는 교리를 포기하고 주님을 아는 것에 초점을 맞추겠는가?

다른 모든 것을 내려놓는다고 해도, 그로부터 자신을 떼어 놓거나 거리를 유지하는 일은 여전히 힘겨울 것이다. 그렇게 하는 일이 쉽다면, 포기하지 않았을 것이다! 아니면 엉뚱한 것을 포기했을 것이다!

여기에 힘겨운 부분이 있다. 예수 그리스도를 경험하는 것은 그리스도의 몸과 형식 없는 친교를 나누는 가운데 가능하다는 사실을 기억하라. 이처럼 놀라운 곳 안에서 주님을 알아 가는 일이 때로는 '믿는 자들의 모임'이나 '하늘에 속한 모임' 혹은 '교회 공동체'나 '교회 생활'로 불리기도 한다. 당신과 나의 생활 속에서 지금 당장 필요한 일이 바로 이곳에서 주님을 아는 일이다.*

당신은 그리스도를 깊이 있게 열정적으로 추구하거나, 믿는 자들의 공동체인 교회 안에서 생활하는 일이 단 하루도 없다. 이를 삶 속에서 추구하라는 다른 그리스도인들의 격려를 받는 일도 없을 것이다. 특히 엉뚱한 것을 내려놓기 시작한다면 말이다.

---

* 단지 '교회에 출석하는 것'만으로는 부족하다. 내게는 교회 공동체 자체가 삶의 열정이고 전부이다. 나는 교회를 위해 존재한다. 내가 교회를 위해 존재하기 때문에 교회를 일주일에 한 번, 한 시간 정도 모이는 장소로 만들고 싶지 않다. 교회는 우리의 삶의 기반이 되어야 한다.

삶의 목적이 되시는 예수 그리스도

우리 조상들은 수세기 동안 그분을 아는 것 외에 다른 것을 좇아 살아 왔다. 모든 세대가 각자 다른 양상의 것들을 좇아왔던 것 같다. 과연 오늘날의 우리는 무엇을 좇고 있는가? 물론 예수 외에 다른 것을 좇고 있다! 우리는 전도와 영혼 구원, 행위와 행동, 성취와 성공의 시대를 살고 있다. 믿기 힘들지만, 그리스도인이 되는 기쁨과 즐거움이 교회라는 말과 전혀 연관되지 못하는 시대에 살고 있는 것이다. 교회는 단지 주일날 모이는 장소로 전락하였다. 큰 비전, 흥분, 흥미는 대부분 초교파 운동에서만 찾아볼 수 있다. 사실상 지역 교회가 하나님의 나라를 위해 역동적으로 선봉에 나설 수 있으리라는 생각을 하는 이들은 거의 없다.

독자들이여, 매일 예수 그리스도를 경험하며, 그분의 중심 되심과 주권 가운데로 돌아오기로 결심하겠는가? 교회 공동체 안에서 말이다. 하나님의 사람들이 과감하게 되돌아오는 대변혁이 일어나기까지는 모든 것이

보류될 것이다. 교회 공동체야말로 성경의 말씀이 이해되고, 그리스도인의 삶이 실제로 기능하는 유일한 곳이기 때문이다!

앞에서 인용했던 성경의 말씀 어느 하나도 한 사람의 개인에게는 일어나지 않는다. 말씀은 교회 안에서만 역사하신다. 말씀 구절을 확인해 보라. 대부분이 교회를 대상으로 기록되었다! 표와 그래프 등을 통한 정보가 가득한 세미나를 모두 참석하더라도 아무런 변화가 일어나지 않을 것이다. 교회 생활 안에서 그리스도를 알아가는 것만이 역사를 일으키기 때문이다.

주님은 살아 계신다. 사랑하는 독자들이여, 그분이 당신 안에 거하신다는 사실을 기억하라. 그분은 모든 피조물 안에 임하신 가장 흥미로운 존재이시다. 우리가 품을 수 있는 한계를 뛰어넘는 분이기도 하시며, 우리 생활의 중심에 계셔야 할 분이다! 할 말이 있는가? 오히려 더 부담스러울 뿐인가?

당신은 이렇게 질문할 수도 있다. "그러면 다른 사람들은 어떻게 하나요? 다른 사람들도 이렇게 살아갈 수 있도록 내가 도와줘야 하는 건가요?"

다른 사람에 대한 책임은 당신에게 없다! 당신 자신에 대해서만 책임을 지라.

언젠가는 사람들도 예수 그리스도와 일상적이고 인격적이며 친밀한 관계로 충만해져서, 결국 그리스도께서 모든 중심이 되실 날이 올 것이다. 그날에는 그들도 주제넘은 자리에서 내려와 "매일 주님을 아는 일에 힘쓰자. 주님을 실질적으로 알아 가고, 그분을 중심에 두는 일에 힘쓰자"고 고백하게 될 것이다.

하지만 그러기 위해서는 대변혁이 필요하다. 반드시 변혁이 있어야 한다. 지금 당장에는 그런 꿈에 희망을 걸기 어렵다! 하지만 주님을 알아 가기 위해 다른 모든 것은 기꺼이 거부하는 사람이 되겠는가? 그렇다면 먼저 기억해야 할 사실이 있다. 수많은 세대를 거쳐 많은 이들이 예수 그리스도를 자신의 전부로 삼았을 때, 엄청난 고초를 겪었다는 사실이다. 위대한 역사학자 윌 듀런트(Will Durant)는 그의 책 《문명 이야기》(*The Story of Civilization*)에서 이를 잘 설명하고 있다.

지난 1600년 동안 교회는 딱 두 부류의 사람들을 핍박해 왔다. 예수 그리스도의 가르침을 믿지 않는 사람, 그리고 이를 믿는 사람이다.

정말로 주님을 친밀하게 알고 싶은 소망이 있는가? 확실한가? 그렇다면 나의 질문에 대답해 보라. 친구를 모두 잃고, 다른 그리스도인들에게서 소외되며, 결국 엄청난 소문에 휩싸이게 되더라도 이를 직면할 준비가 되어 있는가? 이러한 어려움에 처하더라도 혼자서 이를 감당할 수 있겠는가? 이 질문에 대답을 해야 한다. 상황이 이런 방향으로 진행되는 경우가 종종 있기 때문이다. 왜 그런 일이 일어나는지 내게 묻지 말라. 나는 알지 못한다. 그런 일이 그저 일어날 뿐이다.

나는 독자들에게 경고의 메시지를 전했다.

부록 **chapter 3**

글을 아는 사람들만 그리스도인의 삶을 누릴 수 있는가*

마태는 글을 읽을 줄 알았다. 요한도 글을 읽을 줄 알았다. 예수님의 제자 가운데 한두 명 정도만 글을 읽

---

* 나는 독자들이 내가 교회를 그리스도인의 삶에 있어 최고의 본질적인 것임을 보여 준 것과 기도와 말씀이 삼위일체 하나님과의 친교를 의미한다는 것을 보여 준 것에 대해 주목할 것이라고 믿는다. 내가 기도와 말씀(성경)과 교회를 위해서 존재한다고 한 말을 어떠한 쪽으로든 오해하지 않기를 바란다. 나는 교회, 기도, 말씀을 위해 살아가지만 우리는 기도와 교회 생활에 더 높고 센 표현을 부여하는 것이 필요하다. 그리고 그리스도 중심적인 것보다 성경(율법)의 중요성을 높이려는 것처럼 보이는 경우, 우리는 그러한 것들을 멀리해야 한다. 이번 세 번째 부록은 그리스도인의 삶이 글을 읽고 쓸 줄 모르는데, 그것이 어떻게 가능한가라고 주장하는 사람들을 위해 썼다. 그래서 그들이 가지고 있는 생각들이 옳다고 여기며 마음을 놓고 있을지도 모른다는 사실들에 관한 설명을 간단하게 살펴보려고 한다.

을 수 있었을 것이다. 나머지는 문맹자였다. 이들이 히브리어 알파벳 하나 제대로 구별하지 못하는 무식한 어부들이라고 산헤드린에서 언급한 적이 있다.

당시에는 글로 기록된 문헌은 부자들을 위한 학교나 사원, 개인 서재에서나 찾아볼 수 있었다. 부유한 사람들만이 학교에서 자식들을 교육시킬 수 있었다. 학교(그리고 회당) 밖에서 글을 쓰는 것은 말할 것도 없고 읽을 수 있는 사람을 찾기란 오늘날 우리 사회에서 물리학자를 찾는 것만큼이나 힘들었다. 당신이 개인적으로 알고 있는 물리학자가 몇 명이나 되는가? 예수님 시대에는 글을 읽을 줄 안다고 하더라도, 사실상 손에 넣을 수 있는 책이 별로 없었다.

또한 이스라엘 역사상 그 당시는 문자의 변환기였다. 고대 히브리어는 사어(死語)가 되었다. 회당에서 주로 읽기는 하지만 그 뜻을 이해하는 사람은 없었다. 고대 히브리어를 읽는 것은 오늘날 미국 유명 대학에서 졸업식 날 라틴어로 낭독하는 것과 마찬가지로 전통일 따름이었다. 길거리의 일반 사람들이 사용하는 언어는 아람

어라는 방언이었다. 여느 방언과 마찬가지로 문자로 기록되는 일은 드물었다. 아람어로 된 문헌도 사실상 단순한 상거래 기록에 국한되어 있었다. 읽고 쓰는 기술은 빌리거나 돈을 지불해야 하는 용역이었다. 편지를 쓰거나 문서를 작성해야 할 때는 글을 아는 사람을 고용하여 대신 작성하게 했다. 오늘날에 컴퓨터 프로그래머를 고용하는 것과 별반 다르지 않다.

현대 히브리어가 일어나고 있는 상황이긴 했지만 문자 기록은 이제 겨우 시작에 불과했다. 그 외에는 라틴어와 그리스어가 있었다. 하지만 라틴어와 그리스어는 이스라엘 사람들에게 생소했고, 천시하는 이교도인 외국의 주둔군들이 사용하는 언어였다. 이스라엘 사람들 중에는 두 언어를 모두 배우는 이들도 있었지만 그 역시 부유하고 영향력이 큰 사람들이나, 오늘날로 치면 중산층이나 사업가, 무역상들에게 국한되었다. 어부와 같이 평범한 사람들은 자기 언어를 읽고 쓰는 법을 배우지 못했다. 가난한 사람을 위한 학교가 없었다. 그리고 인구의 95퍼센트 이상이 가난했다. 이 부류 가운데서도 글 읽는 법을 배운 이들이 극소수 있었다. 부모에게서 글 읽는 법을 배운 어머니가 가르쳐 준 것이다.

이런 식의 교육을 '마돈나 학교'라고 불렀고, 가난한 사람들이 글을 배우는 주요 수단이었다. 이런 식의 교육법은 2천 년 간 이어져 내려왔다. 갈릴리와 유대의 여느 사람들과 마찬가지로 열두 명의 제자들 역시 사실상 가난한 95퍼센트에 속했다. 그들 중 글을 읽을 줄 아는 사람도, 집에서 어머니한테 글을 배웠을 것이다.

이는 명백한 사실이다. 그리스도인의 삶을 사는 법에 대한 현대인의 방법에 손상을 입힐까 봐 그 사실을 직면할 엄두도 내지 못한다고 해서, 엄연한 진실이 축소되지는 않는다.

현재와 과거에 대한 이해

글 읽는 능력에 대한 현대인의 이해로 2천 년 전의 사람들을 판단하지 말라. 고대에는 문맹이 무식함을 드러내는 표시도 아니었고, 식자(識字)가 지식의 표시도 아니었다. 더 나아가, 글을 아는 것은 가구 제작이나 목수일, 전자제품 수리와 비슷한 교역이었다. 당신은 개인적으로 전자제품 수리공을 몇 명이나 알고 있는가? 예수님 시대에도 글을 읽고 쓰는 사람들의 비율은 그 정도였다. 식자에 대한 오늘날의 의미를 서기 1700년 이전의 사회에 적용해서는 안 된다! 다른 말로, 300년 전까지만 해도 일반 사회에서 읽고 쓰는 능력은 널리 통용되지 못했다는 뜻이다.

그렇지만 이 같은 사실에도 불구하고 대부분의 복음주의 강단에서는 "좋은 그리스도인이 되려면 반드시 성경을 읽으라"는 설교를 해왔다. 서기 1700년 이후라면 말이 되는 소리다. 하지만 그 이전 시대에 존재한 사회에서는 전혀 말이 되지 않는다.

마틴 루터 시대를 예로 들면, 성경 인쇄로 인해 종교개혁이 일어났을 당시, 루터가 쓴 글을 읽을 수 있었던 사람은 최대 5퍼센트밖에 되지 않았다! 종교 개혁의 영향을 받은 유럽 지역 인구의 약 90퍼센트가 문맹자에 속했다. 그 외 5퍼센트는 겨우 글만 아는 수준이었다.

너무 가난해서 종교 개혁 책자를 구입할 수도 없었고, 아는 단어도 부족하여 루터, 멜란히톤(Melanchton), 칼뱅, 츠빙글리(Zwingli)의 책을 이해하지 못했다. 따라서 인구의 5퍼센트만이 종교 개혁 책자를 읽을 수 있었다. 그런데도 우리는 마치 당시 모든 사람들이 종교 개혁에 임했고, 대량 생산된 성경을 모두 다 읽고 연구했다는 생각을 갖고 있었다.

좋은 그리스도인이 되려면 매일 성경을 읽어야 한다는 설교는 1800년대 말의 그리스도인들 다수에게도 그다지 적절한 내용은 아니었다. 1860-1865년에 일어난 미국 남북 전쟁에 참가한 남부 군인들 중 85퍼센트는 읽지 못했으며, 글을 읽을 줄 아는 사람들도 대부분 반문맹이었으며 책을 읽지 않았다.

1800년대 중반에서 1900년대 초가 되어서야 영어권의 하층민들 사이에서 "성경을 읽으라"는 설교가 타당해졌다. 지구상 다른 지역에서도 마찬가지였다! 그 시기 이전에 그런 설교를 하는 것은 마치 "좋은 그리스도인이 되려면 대학 석사 학위를 따야 한다"고 말하는 것과 같았다. 현대의 대학 석사 학위와 300년 전의 글 읽기 능력은 거의 비슷한 비율이었다.

내주하시는 주님

21세기를 살아가는 사람들은 1세기 사람들에게 필히 물어보아야 할 것이다. 예수 그리스도는 승리하는 그리스도인의 삶을 글 읽는 능력과 결부시키셨던가? 만일 그랬다면, 제자 선택에 실패하신 것이 아닌가? 반드시 이 질문에 대답해야 한다. 하나님은 제자들을 선택하고 그 안에 내주하시는 데 있어서 식자 정도를 선택 사항으로 두셨기에, 글을 아는 사람들을 선택하셨던가? 글을 아는 사람들에게는 하나님을 아는 문이 더욱 활짝 열리는가?

오늘날 지구상의 60퍼센트가 여전히 문맹자다! 따라서 더더욱 그 질문으로 돌아가야 한다. 그리스도인의 삶을 살기 위해서는 글을 아는 것이 필수적이라면, 문맹자들은 어떤 방법으로 그리스도를 알아 가겠는가?

글을 아는 그리스도인들이 그리스도를 알아 가는 것

만큼 문맹 그리스도인들도 그리스도를 알 수 있는 방법이 있다. 주님의 구원에 대한 몇 가지 중요한 사항만 들으면 되는데, 그중 가장 첫째 되는 내용은 주님이 내주하신다는 사실이다! 살아 계신 주님의 임재를 자기 안에 두고, 그분과 교제를 누리는 법만 배우면 된다. 그리스도인의 삶을 사는 중요한 열쇠가 내주하시는 주님이 아니라면, 다른 요소를 열쇠로 삼게 되면서 결국 그 안에 들어갈 수 있는 사람의 수는 극히 제한될 것이다.

오늘날의 전도자들은 엘리트주의와 속물에 가까운 사람들도 많다. 그들이 주장하듯이 그리스도인이 반드시 신약성경의 내용을 숙달해야 한다면, 결국 그리스도인의 삶은 교육을 받은 사람들에게만 한정될 것이다. 하나님의 사람들을 향해 이런 식으로 말하는 것은 역사를 제대로 모르는 어처구니없는 무지를 드러낼 뿐만 아니라, 역사적 사실을 직시하지 않으려는 눈먼 자의 처사와도 같다.

네팔, 아프리카, 그리고 인도차이나반도의 밀림 지대에 있는 외딴 마을을 방문하고 돌아온 신학교 교수들과 목회자들이 있다. 그들 중에는 자신이 보았던 어느 교회보다도 아름다운 모습을 그곳에서 보았다고 말하는 이들이 얼마나 많은지 모른다. 하지만 그들은 그 아름다운 그리스도인들이 사실은 문맹자들이었다는 사실을 모른다! 그들의 말이 맞기는 하다. 오늘날 가장 아름다운 교회의 모습이 나타나는 곳은 외국의 외딴 곳, 가난하고 교육을 받지 못한 문맹자들의 마을이다! 학자들, 교수들, 그리고 성경의 권위자들이여, 이 사실을 가슴속 깊이 새기기 바란다!

모든 종족과 나라를 아우르는 우리 그리스도인들 사이에 나타나는 공통점이 있다면 우리 각자 안에 내주하시는 주님, 살아 계시고, 역사하시며, 말씀하시는 주님이시다. 내주하시는 주님만이 그리스도인의 삶을 살 수 있는 원천이 된다. 그리스도인의 삶에 대해 내리는 다른 해답은 오히려 그리스도인의 삶을 효과적으로 살지 못하도록 방해한다.

하나님이 글을 읽을 줄 아는 사람들에게만 최고의 것을 주셨다고 믿어야 할 것인가? 1700년대 이전 시대로 돌아가 그런 말을 한번 외쳐 보라. 완전히 미친 사람 취

급을 받을 것이다! 그리스도인의 삶을 방언이나 대학 교육, 성경 학교 교육에 한정시키는 사람도 마찬가지다.*

당신 내면에 계신 그분을 찾으며 그분을 알아 가라. 영감을 얻은 성경 구절을 매일 읽으라. 하지만 효과적인 그리스도인의 삶을 살기 위해서는 글을 읽는 능력이 필수적이라고 주장하지는 않기를 바란다. 예수 그리스도만이 그리스도인의 삶을 살게 하는 유일한 길이다.

---

* 세 번째 부록에서 결론 내린 사항들이 대다수의 신학교 교수들의 관점을 반영하지는 않는다(나는 단지 그러한 사실들을 독자들이 좋아한다고 생각한 것뿐이다).

The Secret to the Christian Life